NACHFOLGEN, FÜHREN UND DIE ZEITLOSEN WEISHEITSLEHREN

von
CONSTANZE BRETTHAUER

Impressum

Alle Rechte, insbesondere das Recht der Vervielfältigung und Verbreitung sowie der Übersetzung sind vorbehalten. Kein Teil des Werkes darf in irgendeiner Form ohne schriftlicher Genehmigung des Inhabers der Urheberrechte reproduziert oder unter Verwendung elektronischer Systeme gespeichert, verarbeitet, vervielfältigt oder verbreitet werden.

ISBN 978-3-7412-8942-2

Copyright für die deutsche Ausgabe:
© 2016 Constanze Bretthauer
Constanze Bretthauer
Hausbergstr. 23
61231 Bad Nauheim
Tel.: 06032 / 94 97 363
E-Mail: constanze.bretthauer@t-online.de
www.constanze-bretthauer.de

Textredaktion: Constanze Bretthauer

Titelbild: Constanze Bretthauer

Grafische Gestaltung: Janina Röhrig

Herstellung und Verlag: BoD Books on Demand, Norderstedt

Anmerkung:
Die Übungen in diesem Buch sollten als Richtlinien betrachtet werden.
Nutzt sie mit Besonnenheit und unter professioneller Anleitung.

Bibliografische Information der Deutschen Bibliothek: Die Deutsche Bibliothek verzeichnet diese Publikation in der Deutschen Nationalbibliografie; detaillierte Bibliographische Daten sind im Internet über <http://dnb.ddb.de> abrufbar.

Nachfolgen, Führen und die Zeitlosen Weisheitslehren

Was heißt das?
In der wirklichen und wirkungsvollen Weitergabe der Lehre, der Zeitlosen Weisheit, begegnen sich Lehrer und Schüler auf Augenhöhe, von Seele zu Seele, in Respekt und in einer Liebe, die keine Bedingungen stellt.
In seiner Essenz ist diese Weitergabe der hingebende und bedingungslose Dienst am Nächsten.
Das spirituelle und tatsächliche Nachfolgen dieser Lehre und ihrer Lehrer ist manchmal für denjenigen, der nach Weisheit und Liebe strebt, kein Spaziergang, sondern eher eine Herausforderung sich selbst und seinen selbstbezogenen Lebensstil zu verlassen. Schon mitten in der erfolgreichen Praxis des Lernens zugleich, kann auch das Bestreben wachsen und der Wunsch andere auf diese transformierende Reise mitzunehmen. Es wächst der Herzenswunsch einfühlsam zu führen, zu inspirieren und zu begleiten, die Menschen zu führen und zu begleiten, die sich von der Liebe und Weisheit der „wirksamen und zeitlosen Lehre" angezogen fühlen.
Nicht nur der Lehrer lehrt und der Schüler lernt, sondern auch der Lehrer lernt ... Jeder wahrhafte Lehrer ist zugleich auch Schüler.
Aus erweiterter Perspektive betrachtet, bildet die „Zeitlose Weisheit" in ihrer Anwendung und Weitergabe somit den „High Way" zu wirklichen Werten, zu seelischer Reife und wirklicher Würde. Es ist der Weg, der uns zu Selbstrespekt und hin zur Selbstverwirklichung führt. Er führt uns zur Wahrnehmung des „roten Fadens" zwischen uns und allen anderen, zwischen uns und der ganzen Schöpfung.

1. Die zugrunde liegende Philosophie der „Zeitlosen Weisheitlehren" und die Bedeutung der Nachfolge

Was sind die Zeitlosen Weisheitslehren in ihrer Essenz?

Was bedeutet es in diesem Sinne ein Nachfolgender zu sein, nachzufolgen, zu begleiten und auch zu führen?

Wie wird man zu einem Nachfolgenden der Zeitlosen Weisheit und wie führt und begleitet man?

Die Zeitlosen Weisheitslehren sind in ihrer Essenz die „Schatzkammer" der uralten, ewigen, alles umschließenden und Zeitlosen Weisheit. Sie sind ein Wissen, das sich jedem ernsthaft Suchenden enthüllt, und das gelehrt wird von wirklichen, wahrhaftigen Lehrern und Begleitern auf dem Pfad der Nachfolge hin zu dieser Weisheit. Wir finden sie in allen großen Philosophien, in Religionen und wir finden sie auch in allen großen und ursprünglichen Kulturen.

Ein Nachfolgender ist also einer, der einem wahrhaftigen, wirklichen Lehrer, Begleiter und Führenden nachfolgt, solch ein Lehrer ist ein Führender und ein Nachfolger zugleich. Die wirkliche, wahrhaftige Nachfolge ist eine endlos gebildete Kette der menschlichen Evolution.

Wir alle lernen voneinander. Was wir gelernt haben, fordert uns heraus alles zu geben, alles was wir wissen und „geerntet" haben, weiterzugeben an unsere Kinder, unsere Mitmenschen und an die Zukunft dieses Planeten.

Es hat zum Beispiel auf dem spirituellen, auf dem spirituellen und praktischen Weg, unvergessliche Lehrer gegeben.

Unvergesslich bleibt Christus, Buddha, Krishna, Moses und Mohammed, sowie auch viele andere. Es gibt so viele auch, die in gewisser Weise uns dem Namen nach unbekannt sind.

Die Zeitlose Weisheit bildet den Körper, die Seele, den Geist uralter, ewiger und unzerstörbarer Weisheit und ist die feurige Kraft der Schönheit wirklicher Weisheit.

Wir finden die Zeitlose Weisheit und ihre Repräsentanten, wenn wir offenen Herzens und Geistes suchen, in allen großen Religionen und Kulturen.

So sind die Nachfolgenden in ihrer Existenz in den sieben Feldern menschlichen Schaffens zu finden seit der Mensch begann zu leben, zu lieben und zu denken.

Die sieben Felder menschlichen Schaffens

Es gibt also sieben hauptsächliche Felder menschlichen Schaffens, die sich in viele weitere Felder menschlichen Schaffens verzweigen.
Es sind die Gebiete, die den menschlichen und kreativen Ausdruck charakterisieren.
Überall darin finden wir auch die Saat der Zeitlosen Weisheit. In jedem dieser Felder werden wir auch eine ideale Vision finden, wenn wir nach den wirklich „bedeutsam Führenden" in diesen Feldern suchen ... intensiv suchen ...
Es ist ihre Hinterlassenschaft, die Hinterlassenschaft, das Erbe der Vorangegangenen, hinterlassen für eine bessere Zukunft, in der Hoffnung es möge eines Tages diese Saat aufgehen, gefunden, genährt und gehütet durch diejenigen, die suchen, finden und nachfolgen. Sie werden mutigen Herzens Hüter des Feuers werden und durch dieses Feuer, neues Feuer entfachen und das Feuer dann mit allen anderen teilen. Sie werden bedingungslose Liebe, Erkenntnis und kreative Kraft teilen ...

<u>Die sieben Schaffensgebiete menschlicher Kreativität sind:</u>

1. Politik
2. Erziehung
3. Kommunikation, Philosophie
4. Kunst
5. Wissenschaft
6. Religion
7. Wirtschaft, Finanzwesen

Den Zeitlosen Weisheitslehren entsprechend wird gesagt, dass die Nachfolge den Pfad hin zur menschlichen Perfektion bildet.
Das heißt nichts anderes, als dass der Mensch den natürlichen Instinkt besitzt, aus sich selbst das Beste zu machen, aus all seinen Lebensbedingungen und auch aus seinem Lebensumfeld.
Dies bringt ihn dazu zu streben und auch nach diesen ewigen, tatsächlichen Vorbildern zu suchen, sie zu finden, um eines Tages die Saat aufgehen zu lassen und in sich selbst zu verwirklichen.

Die meisten Menschen streben allerdings in die unterschiedlichsten und verschiedensten Richtungen; einige ihrer Bemühungen sind fruchtbar, positiv, konstruktiv und wunderbar, aber andere Bemühungen dagegen enden darin, dass sich diese Menschen nur auf die materielle Seite des Lebens konzentrieren und sich dort weiter bewegen, und es gibt auch noch eine ganz andere Art der Bemühung, eine die in die Zerstörung führt.

Die meisten unter uns suchen nach Ruhm, nach Titeln, nach Reichtum, nach Vergnügungen oder einfach nur nach ihrer eigenen, kleinen Idylle: ein Haus, ein Garten, ein Hund zum Spielen, viel Geld und so weiter und so fort.

Im Falle ein Mensch findet heraus, dass ihn all das nicht mehr befriedigt, oder dies sogar der Grund dafür ist, dass er sich leer und frustriert fühlt, oder aber er erkennt, dass all dies die Ursache seines Leidens ist, obwohl er all diese weltlichen Werte und Vergnügungen in seinem Leben hat, dann ist das eben nicht mehr genug und es fühlt sich einfach nicht mehr richtig für ihn an, und somit ist dann die Zeit für einen drastischen Richtungswechsel gekommen.

Das ist der Dreh- und Angelpunkt an dem der Mensch seinen Blickpunkt von der Oberfläche der Geschehnisse wegschiebt, hin zu sich selbst. Dies führt uns Menschen in eine essentielle und existentielle Krise, wenn wir tief genug nach Ursachen suchen, vor allen Dingen nach Ursachen in uns selbst ... und das ist gut so!

Im nächsten, darauffolgenden Schritt entwickeln wir dann schließlich eine erweiterte Perspektive, ausgelöst durch die oben erwähnte Krise, durch Leiden und die „Ursachensuche". Wir entwickeln uns darauffolgend hinein in eine Transformation und hin zu einem Durchbruch.

Wie ist das erst, wenn sich nicht nur der einzelne, sondern zum Beispiel auch ein Land, eine Nation oder sogar die ganze Menschheit, im wahrsten Sinne des Wortes auf sich selbst besinnt, sich bemüht, durchhält und nach neuen Einsichten strebt ... nach neuen Einsichten auf allen Feldern menschlichen Schaffens?

Dies wäre ein Beschleuniger und ein Katapult auf eine erweiterte Bewusstseinsebene und ein Fundament für eine bessere Zukunft für die Menschen, für die jungen Menschen und für alle Kinder aus allen Nationen.

Nun zunächst zurück zu dem, was dem einzelnen Sucher selbst möglich ist, dem einzelnen, der nicht selten ein Einzelgänger ist.

Ist er in einer Lebenskrise, weil er durch Beobachtung und Selbstbeobachtung nun versteht, dass er selbst nur mit den Auswirkungen seiner Gedanken und Gefühle die Ursache für sein Lebensumfeld ist, dann beginnt er, wenn er immer tiefer in sich selbst forscht und sein Bewusstsein beständig erweitert, durch innere Erkenntnisse auch danach zu streben durchzuhalten und eine Verbesserung seiner Lebensumstände anzustreben, eine bessere Vision, ein verbessertes Lebensziel zu entwickeln.

Das ist gut so, denn nur so beginnt er zu realisieren, dass nur er selbst es war, der alles, alles was in seinem Leben passiert, er selbst verursacht hat. Er selbst dies genauso, wie es sich in seiner ganzen Komplexität manifestiert hat, verursacht hat, und nur durch diese Erkenntnis, erkannt im Abgrund der Krise, kann er auch erkennen wie er seine Lebensausrichtung verändern kann. Er wird sich fragen: „Wie ist mir all das passiert, wie habe ich das angezogen, wie gemacht?" Hier geht es nicht um Schuld, Schuld auf andere schieben oder sich selbst beschuldigen. Es geht vielmehr um das Überwinden unserer großen Illusion, um das Überwinden unseres Egos, des Zwergen, der sich mit dem König, mit unserem wirklichen Selbst, verwechselt.

Der Mensch in dieser Krise versteht nun, dass es das wirkliche Selbst in ihm ist, das zu dieser Erkenntnis fähig ist. Er versteht, dass er dieses Selbst in Wirklichkeit ist … er nimmt Abstand nun von seinen vielen Hindernissen und Abstand von seinem Selbstbemitleiden, und er beginnt nun hinter allem nach einer tieferen Bedeutung zu suchen. Er möchte sich jetzt „wirklich" selbst verbessern. Er versteht, dass es viel mehr gibt zwischen allem, all dem und seinem eigenen Leben.

Langsam erkennt ein solcher Mensch, dass sich selbst zu verbessern einfach keinen Endpunkt darstellen kann.

Er ist nicht damit zufrieden, was er schon erreicht hat, egal was es ist.

So passiert es dann auch, dass der Sucher nach einem immer tieferen Wissen sucht. Manchmal ohne, dass er es konkret weiß, sucht er nach einer allumfassenden Weisheit und Liebe … und findet sich plötzlich auf dem Pfad der Zeitlosen Weisheitslehren wieder.

Eines Tages, wenn die Zeit reif ist, kommt er also in Kontakt mit den Zeitlosen Weisheitslehren und vielleicht sogar in den Kontakt mit einem wirklich guten Lehrer.

Nach einer Weile entdeckt er, dass er schon längst nachfolgt, auf diesem Pfad.

Das Beispiel seines Lehrers ist eine Inspirationsquelle und hält ihn selbst auf dem Pfad der Nachfolge, inspiriert ihn seinem eigenen, inneren Pfad, seiner inneren Stimme immer weiter zu folgen. Der zukünftige Nachfolger folgt nun den uralten, ewigen und zeitlosen Fußspuren, den Fußspuren der großen Seelen, die voraus gegangen sind.

Er und auch sein Lehrer folgen der uralten und „Zeitlosen Weisheit", die von den „Großen Meistern der Zeitlosen Weisheit" der Menschheit geschenkt wurde, einer Hierarchie von erlösten, erleuchteten Wesenheiten, die aus purer Liebe und Weisheit führen. Ihre Macht, ihre Kraft und ihr Führungsstil hat nichts, aber auch gar nichts mit dem Führungsstil, derer zu tun, die versuchen die Erde zu beherrschen oder sie schon längst beherrschen, ja zerstören. Dies ist mir ein eigenes inneres Anliegen hier hinzuzufügen und klarzustellen. Diese Wesenheiten sind uns in ihrer Evolution weit voraus und nur die Liebe zu den menschlichen Seelen und der feurigen Seelensaat zieht sie zu uns heran. Sie begegnen uns auf die unterschiedlichsten Arten und Weisen.

Die Meister der Hierarchie und die Nachfolge

Die Meister der Hierarchie sind erlöste, perfekte und erleuchtete Seelen, kraftvolle Schönheiten, „Große Lichtkrieger" und Retter, „Große Lehrer" und wahre Liebende der Menschheit. Sie formen das Fundament aller wirklichen Lehrer und bilden die wirkliche Führung … ohne ihr dezentes, unbemerktes und unsichtbares Eingreifen hätte die Menschheit sich schon längst selbst zerstört …

Die, die wir hier Meister nennen, sind also die, die uns voraus gegangen sind.

Es sind die, die den „Dschungel," die „wilden Tiere" und unser astrales und mentales Dickicht ganz genau kennen.

Es sind die, die somit den „gefährlichen und Hindernisreichen Pfad", der Pfad, der notwendig ist durch diesen Dschungel, es ist dieser Pfad, den sie ganz genau kennen.

Sie haben den menschlichen Dschungel mit Erfolg durchquert.

Der wirkliche und wahrhafte Sucher findet sich selbst auf diesem Pfad der wirklichen, echten Nachfolge wieder, wenn er sich bemüht, sich erkühnt und danach strebt, diesen oftmals versteckten Fußspuren zu folgen.

Das spätere und tatsächliche Nachfolgen auf dem Pfad gibt dem angehenden Nachfolger und auch dem Führenden, dem Begleiter die richtige Ausrichtung.

Das heißt, dass ein Nachfolger sich mehr und mehr bewusst wird, über wirkliche, wahre Werte und Seelenkräfte in seinem Leben.

Sein Lehrer, seine Lehrer führen ihn oftmals mit unsichtbarer Hand durch seine Selbst- Transformation und Tests, und lehren ihn die Ecksteine eines richtigen und aufrichtigen Lebens, lehren ihn aufrichtige, zwischenmenschliche Beziehungen durch bestimmte spirituelle und praktische Methoden.

Diese Methoden zur Selbst – Transformation sind unter anderem kontinuierliche Selbstbeobachtung, klares und reines Denken und Fühlen, die Motive hinter den Handlungen erkennen lernen, Meditation, Visualisierung, Kontemplation und die Aktualisierung der Tugenden und Seelenkräfte im täglichen Leben, sowie auch hingebungsvoller Dienst.

Wir können nun daraus schließen, dass eine großherzige und intelligente Person auf dem Weg der Nachfolge damit beginnt eher als Seele zu leben, anstatt ein Leben aus dem Ego und selbstbezogen zu leben und rein materiell zu führen.

Um diesem Pfad auch wirklich Folge leisten zu können, finden wir in allen Quellen der Zeitlosen Weisheitslehren, dass sich ein Nachfolger in seinem Leben nach sieben „Großen Prinzipien" orientiert.

<u>Die sieben Prinzipien sind:</u>

1. Schönheit
2. Güte
3. Aufrichtigkeit / Rechtschaffenheit
4. Freude
5. Freiheit
6. Hingebender Dienst
7. Streben

Schönheit, Güte / Liebe, Aufrichtigkeit, Freude und Freiheit sind fünf hauptsächliche Tugenden, Werte und Kräfte, die andere Tugenden und Werte mit auf den Plan rufen. In vielen Überlieferungen der Zeitlosen Weisheit werden sie durch einen fünfstrahligen Stern symbolisiert und erwähnt.

Dies lässt vor unserem inneren Auge die Assoziation eines kosmischen Menschen entstehen, der mit horizontal ausgestreckten Armen und Beinen im Raum steht...

Nun, wenn ein Mensch nach diesen Haupttugenden und nach allen daraus resultierenden Werten und Seelenkräften strebt, wird er zu einem Nachfolgenden in Raum und Zeit, der diesem uralten, ewigen und immer neuen Pfad folgt, und schließlich, wenn der Kelch der Erkenntnis, der Liebe und der Kraft überfließt, wird er beginnen anderen hingebend zu dienen.

Dies alles schließt aber auch mit ein, dass dieser Mensch eine sehr gründliche Reinigung und Transformation auf diesem Pfad erlebt hat.

Es ist der Weg hin zur Selbstheilung, der Heilung unserer Vergangenheit und der Weg der Selbstverwirklichung, der Weg um verborgene Potentiale zu entdecken und den Schatz des Menschen auszuheben.

Der Nachfolgende lernt die tiefere Bedeutung von sich „selbst" zu erkennen, seinen unzerstörbaren Kern zu erforschen, zu schätzen und zu respektieren".

Dies führt ihn hin zu wahrhaftiger Demut und zu echter Würde.
Er beginnt also ebenfalls zu verstehen, was wirkliche Würde bedeutet.
Das alles passiert, weil er entdeckt, dass echte Tugenden wertvoll sind.
Tugenden und Seelenkräfte wie etwa Mitgefühl, Vergebung, Dankbarkeit, Verantwortung, Selbstlosigkeit, Mut und so weiter...
In ihrer Verwirklichung sind alle Tugenden miteinander verbunden, wenn man beginnt täglich danach zu streben.
Durch das beständige Streben nach Perfektion im Zusammenhang echter Werte und Seelenkräfte, etabliert der Nachfolger den Kontakt zu seiner Seele, verstärkt den Kontakt zwischen Seele, Körper und Geist und lernt das wirkliche Selbst vom Ego zu isolieren.
Dies führt ihn dazu sein wahres, wirkliches Selbst auch wirklich zu erkennen, zu respektieren und zusätzlich hilft es ihm, langsam jede Form von Selbstsucht in seinem Charakter auszuradieren.
Der Nachfolgende begreift nun, dass er und alle anderen auch, tief nach innen graben müssen, um den verborgenen Juwel freizusetzen.
Hierbei geht es um endloses Streben und Bemühen, um die endlose Verbesserung unseres vorhergehenden Seinszustandes.
Hierbei geht es um das Entwickeln einer besseren Zukunft, einer besseren Zukunft für alle.
Hierbei geht es um das Lehren und das Führen als ein Beispiel.
Wir geben uns selbst ein Beispiel und sind ein Beispiel für andere, und so kreieren wir eine bessere Zukunft für die, die uns nachfolgen.
Es geht um das Dienen, den hingebenden Dienst und die Hingabe selbst, und um das Aufgeben unserer Selbstbezogenheit, um das Aufgeben von begrenzten Sichtweisen.
Es geht um das Heilen unserer Vergangenheit, um den verborgenen, inneren Schatz finden zu können.
Das Nachfolgen in den Zeitlosen Weisheitslehren ist das Stoppen unserer versklavten Lebensweisen, das Aktualisieren unserer Potentiale und das Inspirieren und Unterstützen anderer, so dass sie das Gleiche tun können.

Was sind die Anforderungen zur Nachfolge?

a) heil werden, Heilung
b) diejenigen erkennen und denjenigen nachfolgen, die den Pfad kennen
c) lernen den richtigen, wirklichen Pfad vom falschen Pfad zu unterscheiden

2. Erfordernisse zur Nachfolge
a) Heilung

<u>Heilen durch die Kraft des fünfstrahligen Sterns, durch sein Symbol für höhere Werte und Tugenden</u>

- Wir heilen, wenn wir uns in unserem Leben auf die Schönheit, die Freude, die Güte und Liebe, die Aufrichtigkeit und die Freiheit konzentrieren.

- Wir heilen, wenn wir in und mit der Schönheit, Freude, Güte und Liebe, Aufrichtigkeit und Freiheit leben.

- Wir heilen, wenn wir in Schönheit, Freude, Güte und Liebe, Aufrichtigkeit und Freiheit anderen dienen und diese Werte und Tugenden mit ihnen teilen.

- Wir heilen, wenn wir bewusst und ununterbrochen in Richtung dieses fünfstrahligen Sterns streben, in Richtung dieser fünf großen Prinzipien und den damit verbundenen Werten und Tugenden, wir heilen wenn wir unsere falschen Gedanken, Verhaltensweisen, Gefühle und selbstsüchtigen Lebensstile aufgeben.

<u>Warum ist das so?</u>

Die Werte, die der fünfstrahlige Stern symbolisiert, helfen uns, indem wir beständig in seine Richtung streben, hin zu den damit verbundenen Tugenden und Werten, und hilft uns so unser Ego loszuwerden, und füllt dann die entstandene Lücke mit wirklichen, echten Werten, mit echter, wahrer Liebe und mit einem inneren, leuchtenden Licht, mit Magnetismus, mit psychischer Energie und mit innerer Stärke und Kraft … und so heilen wir …

Der fünfstrahlige Stern verbindet uns mit den drei Säulen der Zeitlosen Weisheit, verbindet uns mit Licht als Erkenntnis und Bewusstsein, mit Liebe und Kraft.

Vor sehr langer Zeit spaltete sich die Seele von ihrer „Großen Quelle", ihrem Ursprung ab. So wurde sie zu einem Ego, einem isolierten Stück von „irgend etwas", verwundet und getrennt vom Ursprung.

Manchmal wird in den Zeitlosen Weisheitslehren das Ego auch „die Wunde" genannt.

Die Trennung von unserem Ursprung ist die Hauptursache unserer vielfältigen Wunden.

Das Ego ist eine Konstruktion, ein Konstrukt, ein künstliches Gebilde, das um die menschliche Seele herum gebaut ist.

Das Ego identifiziert sich mit dem Körper, mit seinen Emotionen, seinen Gedanken und dergleichen.

Das Ego ist nicht das, was du bist. Du bist die Seele, trotz dem du dich auf deiner Reise weg von der Quelle und zurück zur Quelle befindest.

Wenn wir den Weg zu unserer inneren Quelle zurück finden, zu unserem inneren Kern, heilen wir, und genau so erreichen wir eines Tages den Pfad der Nachfolge.

Um ein Nachfolgender zu werden, müssen wir zuerst heilen, ein Nachfolger heilt und strebt, strebt und heilt selbst....und so wird er sich hingeben und der Menschheit dienen in einer sehr selbstlosen und erfolgreichen Art und Weise.

Schon wenn der Nachfolgende beginnt selbst zu heilen, beginnt er auch andere zu heilen.

Wenn wir nach höheren Werten streben, das Licht und das Feuer teilen, indem wir anderen selbstlos dienen und andere hingebend lieben, sind wir nicht nur Heiler, sondern dies macht auch unser Leben als Nachfolgende auf dem Pfad wahrhaftig wertvoll.

Es vollendet alles. Es macht den Nachfolgenden erfolgreich auf der spirituellen, sowie auf der materiellen Seite des Lebens. Das Nachfolgen auf diese Weise kreiert ein Leben in Schönheit auf mehreren, auf vielen Ebenen …

Die heilende Kraft der Schönheit

Wenn wir den Pfad der Zeitlosen Weisheit nachfolgen, wenn wir beginnen uns auf Seelenkräfte und Werte zu konzentrieren, wenn wir uns zum Beispiel auf Werte, wie etwa Schönheit konzentrieren, wenn wir versuchen Schönheit auf seiner tieferen Ebene zu verstehen, dann beginnen wir zu verstehen, dass Schönheit auch Harmonie, Balance, Rhythmus, Synthese, Synchronisation und Integration all unserer Gedanken, Synchronisation unserer Gefühle mit unseren Taten, ausgedrückt durch unsere Worte, Schönheit unserer Sichtweise, unserer Tonlage, unserer Töne, unseres Klanges, unserer Farben und Formen … bedeutet.

In dieser Hinsicht werden unsere Sinne geöffnet und geschärft.

Schönheit führt uns in einen großartigen Transformationsprozess auf spiritueller, mentaler, emotionaler und physischer Ebene, Schritt für Schritt.

So führt uns die Schönheit aber auch in eine riesige Schlacht.

Die Schönheit, die hier gemeint ist, erreicht uns durch einen bestimmten kosmischen Hauptstrahl. In den Quellen der Zeitlosen Weisheit wird dieser Strahl vierter Strahl genannt. Insgesamt gibt es sieben Hauptstrahlen mit sieben unterschiedlichen, symbolischen und inhaltlichen Bedeutungen … doch dazu irgendwann später mehr.

Zurück zum vierten Strahl, der vierte Strahl kreiert also Schönheit. Eine Schönheit, die entsteht trotz aller Hindernisse. Eine Schönheit, die Hindernissen, Blockaden und Störfeldern ihre Destruktivität entzieht und einen neuen, erhöhten, erweiterten Lebensrhythmus kreiert … durch genau die Transformation eben dieser Hindernisse und Störfelder.

Wir finden den menschlichen, kreativen Ausdruck der Schönheit im Schaffensfeld der Kunst und unter anderem auch auf dem Feld der spirituellen Heilung.

Dieser Strahl hat eine Schlüsselnote, die in den Lehren auch „Harmonie durch Konflikt" genannt wird. Warum ist das so? Warum Konflikt?

Ganz einfach, wenn wir zunächst damit beginnen mehr Schönheit in unserem Leben auszudrücken, auf allen Ebenen zu praktizieren und zu aktualisieren, werden wir uns erst einmal „schrecklich und fürchterlich" fühlen, wenn wir aber nicht aufgeben in wirklicher Schönheit zu denken, zu fühlen und zu handeln, werden wir erfolgreich sein, Hindernisse und Konflikte überwinden … wir werden siegen.

Wenn wir beginnen Schönheit auf all diesen Ebenen zu praktizieren, dann kommen unsere negativen und destruktiven Gedanken, unsere destruktiven Gefühle, unser destruktives Verhalten, und die Destruktivität in unseren Worten und Handlungen zum Vorschein. Wir werden aufmerksam darauf und auch werden wir aufmerksam auf all die verborgenen unschönen Motive dahinter! All dies geschieht nur aus einem einzigen Grund, nämlich um uns davon zu reinigen und davon geheilt zu werden.

Schönheit ist ein großer Transformator und ein Schutzschild gegen das „dunkle Prinzip", gegen die Kraft, die sich aus unserem und von unserem „Schatten" nährt.

Wir werden auf wunderbare Weise profitieren, wenn wir tiefer und tiefer in uns graben und mutig in Richtung Umwandlung und Loslassen unserer Konflikte, Blockaden und Schattenkräfte streben.

So streben wir auch schon in Richtung Perfektion der Seelenkraft von Schönheit auf allen Ebenen…egal was an der nächsten Ecke auf uns wartet.

Wir werden zu einem lichten, liebevollen und kraftvollen Krieger, der sich seinen eigenen Konflikten, seinem Schatten und auch seinen Aufgaben mutig und tapfer stellt. Damit erlöst sich der Krieger selbst und durch seine gewonnene Strahlkraft erhellt er die dunklen Schatten in dieser Welt.

Schönheit heilt uns von Kopf bis Fuß. Die freigesetzte Schönheit unserer Seele verbindet uns mit dem, was wir wirklich sind.

Wenn eine Person wirklichen, echten Seelenkontakt erreicht hat, braucht sie keine zusätzliche Medizin…

Torkom Saraydarian, ein großartiger, spiritueller und auch praktischer Lehrer erwähnte in einem seiner Vorträge im Februar 1992 folgendes: *„Der Kontakt, die Aktualisierung und die Entfaltung der Essenz in unserem Kern wird uns heilen, dann brauchen wir nichts anderes mehr"* …

Weiter erwähnte Torkom zu gleichem Anlass: „Krankheit und Hässliches ist das Resultat der Spaltung zwischen uns allen und in unserem Inneren …."

Schlussendlich … streben wir aber unbeirrt nach Schönheit auf allen Ebenen, dann haben wir Kontakt zu unserer Seele, dann sind wir die Seele und heilen unseren Körper, unser Herz, unseren Verstand und unseren Geist …

Große Schönheit folgt unseren Fußspuren, unserem Leben und unsere mannigfaltigen Körper balancieren, harmonisieren und synchronisieren sich, gerade durch all die vielen Herausforderungen und das Überwinden dieser Hindernisse und Blockaden, egal wie viel sich uns entgegen stellen wird.

Diese Transformation, diese Verwandlung und Umwandlung ist eine schöne und wundervolle Erfahrung, denn sie erzeugt eine Schönheit auf allen Ebenen, die nicht mehr zerstört werden kann.

Auf natürliche Art und Weise beginnen wir sodann diese wunderschöne, liebende und heilende Energie mit unserer Umgebung zu teilen.

Wir selbst werden zu einer Quelle der Heilung, der Transformation, der Reinigung und des Schutzes für andere.

Schönheit verfeinert uns, heilt uns, schützt uns vor allen Arten der Hässlichkeit und des Hasses, erleuchtet uns, bringt uns Freude in unser Leben und öffnet unser Herz für eine tiefere und höhere Liebe. Schönheit siegt ... immer.

Die heilende Kraft der Liebe, Güte, Freude und Aufrichtigkeit

Wenn wir lieben sind wir ein wunderschönes, leuchtendes Licht, ein Stern. Wir bringen Freude zu allen.

Wenn wir wirklich, wahrhaftig und tief lieben, sind wir von tiefer, innerer Freude erfüllt. Wir sind ein guter und aufrichtiger Mensch. So werden wir auf einer aufwärts führenden Spirale reisen und uns stetig selbst überwinden, transformieren und perfektionieren. Pure Liebe perfektioniert unser Menschsein. Dies hat nichts mit menschlichem, mental begrenztem Perfektionswahn zu tun. Wir werden keine Fachidioten in Sachen Liebe werden, sondern unser Horizont wird sich beständig erweitern, unsere Sinne werden sich verfeinern. Das, was wir heute noch als übersinnliche und übernatürliche Sinne bezeichnen würden, wird nichts anderes werden als unsere natürlich erweiterten Sinne...so entfalten wir Schritt für Schritt unsere verschütteten und auch unsere noch nicht entwickelten Potentiale.

Durch tiefe, wahrhaftige und freudvolle Liebe werden wir Treue auf aufrichtige Art und Weise zum Ausdruck bringen. Wir werden loyal sein, mutig, dankbar, vergebend, verantwortungsbewusst, respektvoll, mitfühlend und nobel, und wir werden ebenfalls all die anderen damit verbundenen höheren Tugenden und Werte in unserem Leben aktualisieren können.

Wir werden wirklich, wahrhaftig, aufrichtig und klar in unserem Geist.

Durch unseren Geist, unser Herz und unser erweitertes Bewusstsein werden wir erkennen, dass all diese Tugenden, Seelenkräfte und Werte miteinander verbunden sind, wie kostbare Juwelen an einer Kette. Sie heilen uns auf spiritueller, mentaler, emotionaler und schließlich auch auf physischer Ebene.

Torkom Saraydarian schreibt in seinem Buch, *„Aura ... Schild des Schutzes und der Glorie"* auf Seite 144 – 149 über den Zusammenhang von Tugenden, Seelenkräften, wie diese Seelenkräfte und höheren Werte Vitamine und Salze in unserem Körper produzieren, wenn wir diese Tugenden, Werte und Seelenkräfte in uns aktualisieren, trainieren und zum Ausdruck bringen.

Besonders unterstützend wirken die unterschiedlichen Seelenkräfte, wenn die Sonne in den dazugehörigen und zugeordneten Tierkreiszeichen steht. Durch bestimmte kosmische Einstrahlungen, durch bestimmte Farbstrahlen und Töne und deren Kompositionen miteinander, fällt es uns zu bestimmten Zeiten leichter, diese Werte und Seelenkräfte in uns zu aktualisieren und zu trainieren.

Nicht nur, dass bestimmte Tugenden mit bestimmten Tierkreiszeichen verbunden sind, so sind diese durch den Zodiak ebenfalls mit verschiedenen Strahlen, Farben und Tönen verbunden.

Physische Heilung ist nur eine Facette der Heilung. Wir müssen auch auf feinstofflichen Ebenen heilen, auf emotionalen, mentalen und auch spirituellen Ebenen, bis wir behaupten können, dass wir geheilt sind.

Wir streben bewusst oder unbewusst nach Bewusstseinserweiterung, aber danach zu streben das Bewusstsein spirituell und mental zu erweitern, bedeutet nicht Eigennutz auf spiritueller Ebene. Leider wird dies allerdings oft auf eine eingleisige Art und Weise praktiziert.

Wer dabei vergisst hauptsächlich auch nach Güte und nach purer, allumfassender Liebe und nach Überwindung seiner Schattenseite zu streben, vergrößert nur sein Ego, anstatt sein wirkliches Selbst zu aktualisieren, es frei zu setzen und eine Lebenshaltung zu verwirklichen, die liebend, realistisch und wahrhaftig ist.

Nur wenn wir tief in uns suchen, unsere Potentiale freisetzen, wir selbst werden, ein authentisches, verantwortungsbewusstes Individuum, das sich selbst und gleichzeitig auch alle anderen respektiert, werden wir eine Liebe kennen lernen, die an niemandem klebt und an niemandem gebunden ist, die nicht abhängig ist oder abhängig macht ... So wird es eine Liebe sein, die wahrhaftig frei ist, frei von Bedingungen.

Dies wird ein aufrichtiges, freudvolles und gesundes Leben kreieren, für uns, unsere Umgebung und all die, die wir lieben ... eines Tages wird unsere Liebe keine Grenzen und Begrenzungen mehr kennen, sondern durch uns hindurch pulsieren.

Danach zu streben physisch gesund zu sein, bedeutet somit also auch emotional und mental zu heilen und das Bewusstsein beständig zu erweitern.

Erweitern wir unser Bewusstsein, konfrontieren wir uns dabei ununterbrochen mit uns selbst. Selbstbeobachtung und Selbsterkenntnis in diesem Prozess sind also die ersten Schritte, um zu heilen.

Nun können wir nicht mehr lügen, irgendetwas konstruieren oder uns verstecken, weil wir durch die Selbstbeobachtung und durch die Selbsterkenntnis uns selbst und unsere eigene Kreation in jedem und allem erkennen, in allem was unseren Weg kreuzt, erkennen wir uns selbst.

Wenn wir sodann beginnen Aufrichtigkeit zu praktizieren, beginnen wir auch unsere „vielfältigen Erkrankungen" zu verstehen.

Wir lernen hinter unsere Maske und hinter all die anderen mannigfaltigen Masken und „aufgesetzten Konstrukte" zu schauen.

Hier erkennen wir zuerst und dann auch wieder zu guter Letzt, all unsere eigenen künstlichen Konstruktionen.

Jedoch nach einer Weile sehen wir ebenfalls hinter all unseren Begrenzungen und Hindernissen, hinter all unseren uns in Gefangenschaft nehmenden Konstrukten, Mustern und Masken den wundervollen Juwel im Inneren eines Jeden, wir erkennen den verborgenen Schatz.

Den Juwel und die verborgenen Potentiale hinter den Schleiern eines Jeden zu sehen, ist das Wahrnehmen einer Höheren Realität, einer Höheren Wahrheit.

Wenn wir danach streben, die Fähigkeit zu verfeinern aus einer erweiterten Sichtweise, und von vielen verschiedenen Perspektiven zu schauen, mit einem liebenden und mitfühlenden Herzen, so zu schauen, auf all die Menschen, alle Umstände und auf alle aufkommenden Ereignisse, so ziehen wir Schritt für Schritt große Mengen heilender Energie in unsere feinstofflichen, sowie auch in den grobstofflichen Körper. All dies ist das was wirklich und umfassend heilt!

Das hier ist die Wegbeschreibung, aber wie erreichen wir das Ziel dem Herzen das Regiment zu geben?

Das ist es, was notwendig ist, um mit einem liebenden, mitfühlenden Herzen zu schauen, unsere Sichtweise zu erweitern und um zu heilen. „Ganz" zu werden ...

Hat das Herz das Regiment, erweitert sich der Raum ... es entsteht Ausdehnung, Frieden und Freiheit, weil die Seele wieder atmen kann.

Der Kopf umgeht das Herz die meiste Zeit, wenn wir ihm zu viel Raum geben, wenn wir dem Kopf mehr Raum geben als ihm zusteht.

Wir folgen unserem Herzen, indem wir ihm das Regiment geben, indem wir der Stimme unseres Herzens folgen, indem wir unserer inneren Stimme und unserer inneren Führung folgen.

Wir lernen unserem Herzen nachzufolgen zuerst, im nächsten Schritt erweitert sich unser Bewusstsein, erweitert sich also unser Bewusstsein nun Schritt für Schritt immer mehr, ist Heilung unumgänglich.

Ein Nachfolgender, einer der seiner inneren Stimme folgt und diese auch prüft, lernt die Wirklichkeit von einer erweiterten Sichtweise zu betrachten. Dabei lernt er kontinuierlich nach Tugenden und höheren Werten zu streben. Dies führt ihn immer weiter und tiefer hinein, hinein in die Zeitlose Weisheit und immer weiter auf dem Pfad, hinein in das wirkliche Leben, hinein in eine höhere Realität und hinein in eine wirklichere Wirklichkeit. Ein Nachfolgender der Zeitlosen Weisheit wirkt und bewirkt.

Er strebt dabei aufrichtig und gütig zu sein.

Er strebt danach wirklich zu lieben und eines Tages lässt er auch alle Bedingungen fallen, weil er seinen inneren Reichtum erkennt.

Er wird kein Bettler mehr sein, denn er hat seinen Schatz gefunden.

Er wird dankbar, verantwortungsbewusst, respektvoll und vergebend sein, und schließlich schaut er durch die Augen einer alles umfassenden Liebe.

Fabrikationen und Lügen verblenden unsere Augen und machen uns unsensibel für eine höhere Realität.

Wenn wir so erblinden, unbewusst, stumpf, ignorant, verantwortungslos, respektlos und dumpf werden, werden wir schließlich auch unglücklich, depressiv und krank und führen ein miserables Leben.

Aufrichtigkeit, Güte, und echte, alles einschließende Liebe macht uns gesund, intelligent, intuitiv und verbindet uns mit einer tieferen Form von Schönheit, Liebe und Freude, und wird uns früher oder später mit den Energien aus einem Reservoir, einer Quelle innewohnender Freude und Heilung verbinden.

Durch das Streben alles in Liebe zu umarmen und einzubeziehen, werden wir selbstlos und lernen wirklich tief zu vergeben, auf diese Weise werden wir auch dankbar für jeden Stolperstein auf unserem Pfad, weil wir dadurch beginnen zu verstehen wie wir dadurch wachsen und unser innerstes Wesen entfalten.

Wir werden stark auf diesem Weg, auf diesem Pfad, der die Stolpersteine annimmt, annimmt um sie umzuwandeln, umzuwandeln in einen feurigen Energiestoß durch die Wand aller Hindernisse. So werden wir immer stabiler, mutiger und entfalten unser innewohnendes Wesen. Wir heilen auf physischen, emotionalen und mentalen Ebenen, um letztendlich unser früheres, kleines, limitiertes Selbst zu überwinden.

Durch diesen Prozess balanciert, harmonisiert, gesundet unser ganzes persönliches Leben und wird erfolgreich, erfolgreich auf allen Ebenen.

Um ein Nachfolgender auf dem Pfad der Zeitlosen Weisheit zu werden, müssen wir wirklich gesund sein, heil sein, ganz sein, ganz wir selbst sein, wir selbst, gesund und erfolgreich auf allen Ebenen des Lebens.

Folgen wir diesem Pfad, der uns zur Perfektion führt, der uns zu unserem wirklichen Selbst führt, werden wir in diesem Streben und im Beschreiten dieses Pfades all unsere feinstofflichen, subtilen Körper mit dem grobstofflichen, dreidimensionalen Körper synchronisieren, wir werden durch unser Selbst und unsere Seele unser Herz, unseren Intellekt, unseren Geist und unseren dichten physischen Körper heilen.

Früher oder später werden wir immer mehr freudvoll, glücklich, enthusiastisch und sogar ekstatisch sein.

So werden wir gleichzeitig ausgerichtet, besser organisiert und viel erfolgreicher auf allen Ebenen, und das zusätzlich auf eine sehr ausbalancierte Art und Weise.

Das ist außerordentlich faszinierend!

Eines Tages werden alle Stolpersteine auf unserem Weg nur noch hoch interessante Herausforderungen darstellen …

Unser ganzes Leben macht folglich Sinn für uns. Wir beginnen eine innere Kraft und einen Magnetismus zu entwickeln, aus unserem Inneren herausströmend und ausstrahlend zu sein, hinein in unsere ganze Umgebung.

Alles, was mit uns in Berührung kommt, wird magnetisch.

Wir werden „wirklich", wirklich wirkende, wunderbare Seelen sein und werden nur wir selbst sein ohne Fabrikationen, keine Kopie von irgendjemand anderem.

Wir werden ehrlich, einfach, aufrichtig, und natürlich.

Wir haben Selbstrespekt, Selbstwert und Würde.

All das heilt unsere feinstofflichen Körper und auch unseren physischen Körper.

Tugenden und höhere Werte sind transformierend, heilend und machen uns schön auf vielen Ebenen.

Sie tun dies mit uns, unserer Umgebung, unserem Leben und mit jedem, der mit uns in Kontakt kommt.

Wir dienen anderen, indem wir uns selbst und unsere Körper, unsere Hüllen transformieren, reinigen und heilen.

Wir dienen, indem wir uns selbst mit Liebe, Güte, Aufrichtigkeit, Schönheit und Freude füllen, und dadurch, dass wir uns selbst heilen, heilen wir auch unsere Umgebung, unsere Beziehungen und die, die wir lieben, sowie auch all die, die wir noch nicht kennen, aber so auf natürliche Art und Weise, durch den Magnetismus unserer Seele in unser Leben gezogen werden.

Wir werden ein Geschenk für andere, ein wirklicher Nachfolger ... und so vergessen wir unser kleines Selbst am Ende dann.

Wir sind die „anderen" ....

Die Bedeutung der Freude und der Freiheit im Prozess der Heilung

Wenn wir der Zeitlosen Weisheit nachfolgen wollen, uns mit ihrer Lehre beschäftigen, sie studieren und in unserem Leben aktualisieren wollen, werden wir diesem Pfad also Schritt für Schritt auch in unserem Alltag nachfolgen. Dazu ist es oftmals erforderlich, dass wir unseren früheren Lebensstil ganz verlassen, unsere persönlichen Identifizierungen, unsere schlechten Gedanken, unsere schlechten Gewohnheiten, unsere mentalen Begrenzungen und unser „Zu - kurz - kommen" ganz verlassen.

Es ist erforderlich, dass unsere verletzten Gefühle, unsere hässlichen Wunden und unser Ego langsam verschwinden ... und dann finden wir eine Freiheit der besonderen Art ...

Schließlich machen wir sodann selbst unsere ersten Schritte auf dem Pfad der Nachfolge, nachfolgend den wirklich großen Seelen, nachfolgend den großen Menschheitslehrern und ihrer Lehren.

Die Freiheit also, die die wirklich frei macht, ist zuerst die Freiheit von negativen Verhaltensmustern, Freiheit von negativen Gefühlen und Gedanken und negativen, selbstsüchtigen Handlungsmotiven. So werden wir auch frei von negativen Lebenserfahrungen, negativen Beziehungen und negativem Karma ...

Doch wie geht das, dass wir frei werden von negativen Gedanken und Gefühlen?

Wenn wir durch die aufrichtige und ernsthaft gemeinte Praxis der Zeitlosen Weisheitslehre ganz natürlich unser Bewusstsein erweitern, werden wir uns über uns selbst bewusst. Das heißt, wir werden „selbst - beobachtend" und beobachtend. Wir werden wachsam. Dabei verfeinern sich unsere Sinne. Sie schärfen sich.

Uns geht im wahrsten Sinne des Wortes ein Licht auf. Wir werden uns all der negativen Resultate bewusst, die negative Gedanken und Gefühle erzeugen.

Doch können wir die negative Neigung negativ zu denken und zu fühlen auch abstellen?

Zunächst noch nicht ... denn wir brauchen die Kraft und den Willen uns zuerst zu konfrontieren und im zweiten Schritt den Mut dahinter, hinter den Gefühls- und Gedankenkrieg zu schauen, hinter die Flut all der negativen Gedanken und Gefühle. Dies geht solange bis wir das wirkliche Selbst dahinter entdecken, all unsere Urteile und Verurteilungen und Selbstverurteilungen fallen lassen und uns nicht mehr mit dem Müll aus Gedanken und Gefühlen in unserem eigenen, inneren „Weltenraum" identifizieren. Unsere Liebe ist folglich zu groß dafür geworden, denn durch die Wachsamkeit hat sich ein Licht in uns entzündet, das immer heller zu lodern begann.

Die Welt der ursprünglichen und reinen Seelen und ihrer Potentiale ist die wirkliche Wirklichkeit für uns geworden.

Freiheit, die wirkliche Freiheit, die nun in uns wächst, tilgt unsere Altlasten und Schulden und wir schreiten mit leichtem Gepäck voran.

Schuld und das projizierte, alte Beschuldigungsprogramm finden hier ihr wohlverdientes Ende.

Andauernde Freude steigt in uns auf, elektrisiert uns, alles und jeden.

Trotzdem, trotzdem es nicht einfach ist ….

Freude ist nicht glücklich sein; wir werden den Unterschied zwischen tiefer, innerer Freude und glücklich sein verstehen lernen. Wir brauchen nun keine äußere Quelle mehr, um freudvoll zu sein. Freude ist unser Kern. Wir können sogar freudvoll sein, wenn unsere Körper im Schmerz sind.

Wir können in dieser Freude bleiben, wenn wir unsere Erwartungen an die äußere Welt, unsere Erwartungen an diese nur scheinbare Realität auf Null runterschrauben. So werden wir nicht abhängig sein, vom Glück und vom so genannten „Glücklich - Sein" … und wir werden nicht mehr abhängig sein, was diese scheinbare Realität uns als Glück präsentieren will. Wir werden immun gegen all diese Verblendungen.

Diese Entdeckung wird uns schließlich frei setzen, und wir werden die Freude als eine Kraft, eine Substanz spüren, die aus unserem inneren Kern ausströmt.

Dann wird Glück, Glücklich - Sein und Fülle gratis dazu kommen, hier auf dreidimensionaler Ebene und auch auf höheren Ebenen.

Wir werden entdecken, dass wir allerdings nichts „brauchen", gar nichts, wir werden einfach einatmen, wir werden tief einatmen und frei sein.

Vielleicht tragen wir auch noch einiges an Gepäck mit uns herum, aber dies belastet uns nicht mehr, egal wo diese „Lasten" herkommen. Im Gegenteil, wir tragen unsere Lasten und auch noch so manch andere Last mit Freude.

Das ist Freiheit. Das ist Heilung durch die Befreiung von Negativität und ist auch Heilung durch Erwartungslosigkeit und das ist die Befreiung von Begrenzung und Karma.

Dies ist Heilung durch Freiheit, und es ist Heilung durch die natürliche, tiefe und innere Freude, die aus unserer eigenen Essenz ausströmt.

In unserem Kern sind wir Güte und Liebe, Schönheit, Aufrichtigkeit, Freiheit und Freude.

Freude ist eine spezielle Art der Elektrizität und schließlich wird uns diese Elektrizität in einen tiefen Heilungsprozess führen und auch hin zu einer tiefen, unserer Natur eigenen, innerlichen Ekstase.

In Ekstase geben wir uns hin, dienen mit einer hohen elektrischen Spann- und Heilkraft.

Dies alles wird möglich, wenn wir uns bemühen und hin nach Perfektion streben auf unserem Pfad ... auf dem Pfad spiritueller, geistig – seelischer Evolution.

Der Tag wird kommen, an dem der Nachfolgende die „wirklichen Farben des Lebens" entdeckt; er wird die Süße und den Duft des wirklichen Lebens wahrnehmen, und so ist er dann in Berührung mit sehr reinen, puren und vitalen Energien.

Auch wird er immer deutlicher und schärfer den Klang der eigenen, inneren Stimme hören.

Sein Leben gewinnt von Tag zu Tag mehr an Bedeutung.

Sein Leben wird eine interessante Heimreise. Diese Reise ist der Pfad der Nachfolgenden.

Man kann sich vorstellen, wie sehr Freude heilen kann, wenn man sich an die Freude aus der Kindheit erinnert, oder wenn man kleine Kinder einfach nur beobachtet.

Sie sind so freudvoll und sich keiner Schuld bewusst, so inspiriert und elektrisiert, wenn sie spielen, singen, tanzen oder malen. Es ist eine Freude an sich, sie zu beobachten.

Manchmal denke ich, sie alle sind Heiler auf eine sehr natürliche Weise, wenn sie nur immer wieder Chancen bekämen, in Kontakt zu bleiben mit ihrer tiefen, inneren Freude. Dabei könnten sie ihre starke, selbstverständliche und innewohnende Kreativität entfalten ... und so blieben sie auch ununterbrochen im Kontakt mit ihrer Seele ... und so blieben wir alle ununterbrochen in Verbindung mit der feurigen Quelle aus der wir hervorgegangen sind.

Es ist eine traurige Tatsache, dass das allgemeingültige Schulsystem überall in unseren westlichen Welt die Kreativität und die Freude in unseren Kindern tötet, damit sie als Erwachsene versklavt werden können, um sie als kleine Schrauben im System verfügbar zu machen, damit über sie als kleine, bedeutungslose Schrauben in einer riesigen Maschine verfügt werden kann.

Anstatt bedeutungslos, wertlos zu sein, nichts über den eigen, eigentlichen Wert zu wissen, sollten wir alle unsere tiefe, innere Not realisieren, die Not unsere Kreativität und unsere Potentiale zu entfalten, um uns selbst zu befreien, unsere Seelen von diesen Illusionen zu befreien.

Wir könnten uns befreien von der Illusion, die ein jeder tagtäglich im Spiegel eines begrenzten Lebens sehen muss.

Das Entfalten unserer Kreativität und die kreative Kraft der Freude heilen uns und befreien uns, erlösen uns von der Illusion der Wertlosigkeit, wenn wir auf beständiger Basis beginnen unsere Kreativität und unsere versteckten Potentiale zu entdecken.

Dies können wir tun indem wir wirklich fühlen, und wirklich diese tiefe Freude beginnen zu aktualisieren, diese Liebe und Schönheit, diese Aufrichtigkeit und Freiheit beginnen zu aktualisieren, weil es eben eine tiefere und „Höhere Realität" gibt, jenseits unserer Begrenzungen.

So behaupten wir, dass tiefe Freude wirkliche Schönheit erschafft, ein wirklich schönes Leben, und dies erschließt somit auch unsere Potentiale und ist das Verbindungsglied hin zu einer höheren Form der Liebe und hin zu einer höheren Form der Kreativität.

Dies ist das Verbindungsglied zwischen unserer Essenz und einer Freiheit jenseits von Karma, sprich: Freude und Kreativität gehen Hand in Hand, erzeugen ein „Mehr" an Liebe, Schönheit, Wahrhaftigkeit und Freiheit und befreien uns somit auch von negativen Auswirkungen und Negativen Resultaten in unserem ganz persönlichen Leben ... und schließlich und endlich wird die alte Wunde in uns heilen.

Wir werden uns somit erheben auf unserem Pfad des Strebens nach Perfektion, nach menschlicher geistig - seelischer Evolution, hin zu einer höheren Form der Existenz.

Schließlich wird das Verwirklichen einer selbstlosen, grenzenlosen und hingebenden Liebe der Klebstoff sein zwischen uns allen als Teile der göttlichen Schöpfung.

Zwischen diesen göttlichen Teilchen wird genug Raum sein für jeden, für jedermanns Entfaltung, für Weiterentwicklung in einer friedvollen Form der Evolution, in Liebe Freude, Wahrheit, Schönheit, Kreativität und Freiheit.

Kreativität, Kunst und Heilung

Kreativität ... was ist das in der Essenz?

Kreativität, die Kraft zu kreieren, zu schöpfen und zu erschaffen, ist viel mehr als das Schreiben, Malen, das Dichten, das Musik - machen, das Tanzen und das Schauspielern etc. an Ausdrucksmöglichkeiten für uns bereithält.

Kreativität ist der Schaffensausdruck eines feurigen, elektrischen und geistigen Funkens. Kreativität ist an sich eine potente und erschaffende Kraft. Mit dieser Kraft oder auch mit dem Mangel an dieser Kraft, kreieren wir und bewirken wir, mehr oder eben auch nur weniger. Kreativität ist feurig.

Unsere Seele, unsere Essenz, unser Selbst oder wie auch immer wie unseren Kern nennen wollen, ist feurig, ist Feuer! Unsere Essenz ist geistige Elektrizität eines „höheren Ranges."

Wir kreieren ständig in unseren Gedanken, Gefühlen, in den Motiven dahinter, mit unseren Worten, unseren Schriften, mit unseren Entscheidungen und unseren Taten.

Damit sind wir ursächlich an jeder Auswirkung eines eigenen kreativen Aktes in unserem Leben, ob bewusst oder unbewusst, hauptsächlich beteiligt und verantwortlich!

Jedoch machen wir uns unsere innewohnende, schöpferische oder kreative Kraft wirklich bewusst, was meist durch Eigennutz oder Konkurrenzdenken verhindert wird, dann schöpfen, kreieren und manifestieren wir auch wirklich und wirkungsvoll.

Zunächst ist dies nur ein Schritt in unserem Bewusstsein, aber in Folge werden wir uns auch immer mehr die Auswirkungen unserer Kreationen und Schöpfungen und deren Auswirkungen auf uns selbst und auf unsere Umwelt bewusst. Dabei, in diesem Prozess wächst die kreative, schöpferische Kraft. Sie wächst aber nur auf heilvolle Weise, bei aufrichtiger, wahrhaftiger, mitfühlender, alles mit einschließender Liebe und Weisheit und aus purer Freude und Enthusiasmus heraus. Ist dies so, wächst die kreative Kraft in uns (immer weiter und weiter).

Man beobachte Kinder beim Malen, Gestalten, Geschichten ausdenken und Theater spielen, wie ungebremst diese Kraft wirkt, wenn wir sie nicht bremsen.

So können also Malen, Musik hören, Musik machen, singen, tanzen und schreiben, ganz allgemein auch Kunst und Kultur, Quellen großer Freude und Schönheit sein und uns in Kontakt bringen mit unserer vergrabenen Kreativität, mit unseren vergrabenen Potentialen und uns so auch in Kontakt bringen mit unserer Seele.

Bewusst gelebte Kreativität, in der der seelische Funke herrscht, zeigt uns wirkliche Werte und kann uns ebenfalls unseren, eigenen wirklichen Wert aufzeigen, weil der Prozess der Kreativität unseren inneren Schatz entschleiern wird.

So kommen wir dann in Kontakt mit unserer wahren Essenz, unserem wirklichen Wert und unseren verdeckten Potentialen.

Kreativität öffnet das Herz und den Geist.

Kreativität kann uns sensibilisieren und unseren Horizont auf solch eine Weise erweitern, dass wir uns feinerer und höherer Existenzformen bewusst werden.

Durch diese Bewusstheit werden wir danach verlangen mit diesen Existenzebenen in Kontakt zu bleiben.

Auf diesem Wege ziehen wir die Aufmerksamkeit von inspirierenden, höheren, kreativen Wesenheiten an, wir ziehen ihre Unterstützung, ihre Hilfe und ihre Heilkraft zu uns und in unsere Umgebung.

Der ganze Kosmos, der Raum lebt und webt.

Tod ist nur derjenige, der die menschliche, spirituelle, geistig - seelische Evolution an sich vorbei ziehen lässt und sich nicht entwickelt, sozusagen in einer leblosen Starre verharrt. Tod ist nicht der, der einfach nur seine menschliche Hülle verlässt.

Der „freie, feurige Raum" ist erfüllt mit Horden lebendiger Intelligenzen und höherer Wesenheiten.

Unsere Kunst wird mit ihrer Energie aufgeladen und wird so eine höhere Form erlangen. Nun ist unsere Kunst geladen mit mehr Schönheit, mehr Freude und Liebe, und sie wird ebenfalls eine kraftvolle Ausdrucksform unserer eigenen Seele sein.

Kunst, Musik, malen und schreiben zum Beispiel sind Techniken zur Selbstheilung, wenn die Kreativität von höheren Inspirationen und Visionen kommt.

Durch diese Kontakte ermöglichen wir den kreativen und elektrischen Fluss unserer Seele.

Singen, tanzen, Musik machen, malen und schreiben und jede andere Form der Kreativität kommt aus unserer Seele, fließt aus unserer

Seele und ist das Verbindungsglied zu den feinstofflichen und feurigen Welten, und somit ist jede Form höherer Kreativität auch ein energetischer Vermittler dieser höheren Energien an unsere Umgebung.

Höhere Formen der Kunst haben die Kraft zu transformieren und uns zu heilen, haben die Kraft andere Menschen zu transformieren und zu heilen, ihre Herzen, ihren Geist und ihr Leben zu heilen.

Durch eine höhere Form der Kunst, wenn die Kunst mit Liebe, Freude, Schönheit, Wahrheit und Freiheit aufgeladen ist, erschaffen wir einen stabilen Kontakt zur Elektrizität unserer Seele und wir werden nichts anderes als nur die Seele sein.

Schon in den ersten Momenten des Kontaktes mit dem Feuer unserer Seele, heilt uns die Seele, die wir sind durch ihre elektrische, feurige Kreativität.

Das ist sehr erstaunlich! Eigentlich gibt es keinen äußeren Heiler. Es ist unsere eigene Seele, die uns heilt ... oder noch besser formuliert, wir heilen vollständig, wenn wir entdecken, dass wir die Seele tief im Grunde sind, Seele ... nichts als Seele.

STREBSAMKEIT

Strebsamkeit ist die Freude am Wachstum.
Sich ganz und gar ins „Werden" begeben, beendet jede Form von Stillstand und Zerfall.
Strebsamkeit ist jenseits von Konkurrenz und „besser-sein-wollen-als" ... !
Alles wird dankbar als zu Dir dazugehörig angenommen und als dienlich zur Weiterentwicklung erkannt.
Jede Erfahrung wird differenziert wahrgenommen, jedoch andererseits als Bestandteil eines „Gesamt-Werkes".
Das Streben nach Perfektion, in diesem Zusammenhang, ist direkt mit dem Mangel, den wir in uns erkennen, verbunden. Auch dieser Mangel lässt uns weiter wachsen.
Perfektion bedeutet und beschreibt keinen Endpunkt.
Perfektion ist ein neuer Anfang einer erweiterten Realität.
Strebsamkeit lässt uns eintreten in sich ständig erweiternde Formen der Perfektion.
Perfektion mündet wie ein Fluss ins Meer – ins Meer der Schöpfung, in die Einheit alles „Wesentlichen".
Streben wir weiter und weiter im Rhythmus, entdecken wir eine ununterbrochene Verbindung zu allen Wesen und einen direkten Draht zu unserem Herzen.
Wir wissen nun im innersten des Herzens brennt dieses Feuer.
Es ist hell dort.
Wir können sehen. Wir können lieben. Wir können leben.
Streben ist das ununterbrochene "Wunderwirken" Deines Pulses.
.

2. Erfordernisse zur Nachfolge

b) Folge nach, denen die auf dem Pfad der Zeitlosen Weisheit vorausgegangen sind, denn sie kennen den Pfad

<u>Folge großartigen Beispielen und großen Prinzipien</u>

Ein Nachfolgender ist einer, der den großen Seelen und ihrem lebendigen Beispiel nachfolgt, und auch ihm und seinem Beispiel werden ebenfalls eines Tages andere nachfolgen.

Ein Nachfolgender und ein Führender ist immer auch ein Studierender der Zeitlosen Weisheitslehren, beide lehren und führen durch ihr lebendiges Beispiel. Ein Nachfolgender und ein Führender hat sein Leben einer großartigen Sache hingegeben. Ein Führender ist ein Nachfolgender und ein Führender zugleich und ein Nachfolgender ist somit meist auch ein Führender.

Beide folgen fünf großen Prinzipien und kultivieren Tugenden und höhere Werte, indem sie anderen hingebend dienen. Beide streben nach Perfektion in ihrem täglichen Leben.

Wirklich Nachfolgende und Führende sind Perlen einer kostbaren Kette. Diese Kette bildet den Pfad.

Dort sind ebenfalls sehr große Nachfolger, große Lehrer und große Menschheitsführer zu finden.

Ein wirklicher, wahrhaftiger Nachfolger und Menschheitsführer gehört keiner speziellen Religion an, aber er arbeitet unermüdlich an sich selbst. Er verfeinert seine Körperhüllen, sein ganzes Leben und seine Spiritualität.

Selbst ganz große Lehrer und Menschheitsführer und Meister gehören keiner speziellen Nation, Kultur, Religion oder sonst irgendeinem begrenzten Glaubenssystem an.

Sie sind wegen uns allen hier. Sie sind hier für eine vereinigte und miteinander verbundene Menschheit.

Wenn wir intensiv und tief genug nachforschen, finden wir ihre Fußspuren in jedem Bereich menschlichen Schaffens.

Durch alle Zeitalter hindurch haben wir von den verschiedensten, großartigen Beispielen in unserer Menschheit gehört, von wirklich großartigen Menschheitslehrern und Menschenführern.

So haben wir auch von großen Meistern und Menschheitslehrern gehört, wie zum Beispiel Christus, Buddha, Mohammed ... um nur einige bekannte und geläufige Namen zu nennen. Diesen großen Seelen ist es völlig unwichtig welcher Glaubensrichtung sie letztendlich zugeordnet werden, viel wichtiger ist, dass ihre Nachfolger das „ganze Bild" in all seinen unterschiedlichen Fragmenten als ganzes Bild und Plan wahrnehmen und verstehen, und dass es nicht um Religion geht, sondern um die Verbindung all dieser scheinbar unterschiedlichen Lehren und der kraftvollen, intelligenten und erleuchteten und liebevollen Anwendung in unserem täglichen Leben und Miteinander. Es geht um die Gleichwertigkeit und Einheit aller Menschen.

So gibt es ebenfalls große Seelen, Meister, Lehrer und Menschheitsführer und Menschendiener, die niemals mit Namen in unsere Geschichtsbücher, Bibeln und Religionsbücher eingegangen sind.

Wir haben also alle von diesen großen Seelen gehört oder auch nichts gehört, von denjenigen, die der Menschheit eine große Lektion erteilt haben, und uns immer wieder letztendlich aus unseren selbst gemachten Krisen herausgeführt haben, hinein in ein besseres Leben.

Diese großen Seelen, diese Großartigen waren alle Nachfolger ... am Anfang.

Sie sind dem Pfad der Nachfolge und den Menschheitslehrern gefolgt, die ihnen vorausgegangen sind.

Das heißt somit, sie sind stets gewillt den großen Prinzipien des Lebens und einem aufrichtigen Leben zu folgen. Sie sind stets gewillt den großen Prinzipien der Liebe und der Weisheit zu folgen, und sie waren und sind ebenfalls stets gewillt den „Großen Seelen" zu folgen, die vor ihnen auf dem Pfad wandern und gewandert sind.

Die meisten Menschen fühlen instinktiv in ihrem Inneren, dass sie eine Orientierung brauchen, um sich selbst zu verbessern.

Wir suchen instinktiv oder auch bewusst nach Beispielen und Rollenmodellen für ein aufrichtiges, wertvolles, sinnvolles und gutes Leben. Wir suchen nach einer tieferen Bedeutung hinter der Oberfläche.

Wir suchen immerzu nach solch einer Inspiration, trotzdem manche von uns den wirklichen und tiefen Wert solch großer Menschheitslehrer und Menschheitsführer ignorieren wollen, oder vielleicht sind sie auch nur im Moment noch unsensibel gegenüber ihrem wahren Wert und ihren Lehren.

Großartige, große Seelen und Menschen auf dem Pfad der Nachfolge sind große Beispiele für die Menschheit.

Wenn einer ein Nachfolgender wird, wird er zu einem Beispiel für andere, und folgt dabei auch diesen Großartigen nach.

Ein wirklich und kontinuierlich strebender Nachfolger auf dem richtigen, lebendigen Pfad ist einer, der unweigerlich den Lehren dieser Großen folgt, die vor ihm auf dem Pfad waren.

Diese Großen haben sich längst selbst gemeistert, indem sie anderen Großen folgten und folgen, die wiederum vor ihnen auf dem Pfad waren, und sie alle zusammen folgen den großen Prinzipien und Gesetzen der Liebe, der Weisheit und einem aufrichtigen Leben.

Wir können feststellen, dass Nachfolger und im Speziellen die „Großen Seelen" unter ihnen, uns viele Beispiele geben in der Kunst der Nachfolge, und auch wie wir dabei unser Leben verbessern könnten. Sie tun dies, indem sie der Menschheit dienen, sie inspirieren, ihr helfen und sie wenn nötig, retten.

Diese Großen, alle großen Seelen und großartigen Menschen auf dem Pfad der Nachfolge sind Nachfolgende, Beispiele, Dienende und auch Retter in größter Not.

Im Vergleich zum durchschnittlichen Menschen ist der Großartige perfektioniert, eine Große Seele, und wir sind, wenn wir zum Nachfolger werden, auf dem Pfad der Perfektion vorwärts strebend, zunächst.

Das bedeutet, dass ein Nachfolger sich kontinuierlich verbessern und dabei zuerst seine alte Lebensweise verlassen muss.

Er muss streben, um seine alte Persönlichkeitsstruktur zu überwinden, indem er sich selbst transformiert und dabei seine niederen Emotionen, Gedanken und Handlungen stetig überwindet.

Schritt für Schritt durch die Transformation seines kleinen, niederen Selbst und dadurch, dass er seinen selbstsüchtigen Lebensstil verlässt, verlässt er auch sein Ego und beginnt als Seele zu leben.

Nun dient der Nachfolgende mehr und mehr bewusst und ohne zu zögern.

Er strebt beständig, um die großen Prinzipien der Liebe, der Weisheit und des aufrichtigen Lebens zu erreichen, und schließlich wird er niemals vergessen, dass er dies den „Großen Seelen" vor ihm zu verdanken und anzuerkennen hat.

Durch beständiges „Sich - Selbstverbessern" folgt er also ihrem Beispiel und ihren Lehren nach. Dabei wird er langsam, Schritt für Schritt sein altes Leben und seine Zwänge und alten Lebensmuster verlassen.

Ein wahrhaftiger Nachfolger folgt höheren Werten und wird „tugendhaft", das heißt er wird wieder so unschuldig wie ein Neugeborener.

Sein Leitstern auf diesem Weg sind die Tugend der Schönheit, der Güte, der Aufrichtigkeit, der Freiheit, der Freude, des hingebenden Dienstes und das Streben nach Perfektion, wie vorher schon erwähnt.

Die Reise in die Perfektion ist eine Geschichte, die niemals endet und das von Anfang an.

Dies beschreibt also den Pfad auf dem alle Nachfolger, Lehrer, Führende, alle Großen, alle großen Seelen und alle Meister der Liebe und der Weisheit, bereisen.

Sie alle arbeiten für ein besseres Leben auf dieser Erde, für eine bessere Zukunft.

Wir sind in der Mitte eines Geburtsprozesses, um eine neue Kultur und Zivilisation auf dieser Erde zu schaffen. Wir sind in der Mitte eines Geburtsprozesses in Bezug auf unser Denken, Fühlen und Handeln. Dabei fällt es der Menschheit als Ganzes noch recht schwer die alten Gleise zu verlassen. Es fällt uns schwer mit alten Denkstrukturen zu brechen, unseren Horizont zu erweitern, tiefer und mitfühlender zu fühlen, erweitert wahrzunehmen, um somit ein freieres, besseres und ein von Schmerz erlöstes und friedvolles und angstfreies Leben zu leben.

Und es gibt auch die Illusion, gerade in vielen esoterischen Kreisen, die Illusion einzelner, die glauben, dass sie nichts mehr tun müssten, um sich weiter zu entwickeln, um in dieser „Neuen Welt" anzukommen.

Diese neue, bessere, schönere Welt ist zur Zeit noch mehr oder weniger eine erhabene Vision und noch keine vollständig manifestierte Realität für alle.

Dies erfordert noch etwas mehr Praxis und Praktizieren des Einzelnen, gelebte Weisheit, gelebte allumfassende Liebe und den Mut gegen den Strom der Ignoranz, der Verblendung, der Manipulation und des Übelwollen zu schwimmen ... erhobenen Hauptes die Vergangenheit abzuspülen und erhobenen Hauptes dem eigenen Herzen zu folgen ... tut man dies, findet man sich auf dem Pfad der Mutigen, der Großen, der Vorausgegangenen ... der Meister der Weisheit und der Liebe, der bedingungslosen und allumfassenden Liebe. Fühlen wir die erneuernde Kraft durch unsere Adern pulsieren, dann geben wir alles, unser Bestes ... wir sind reichlich beschenkt in diesem Geben sind wir die, die empfangen ....

Lehrer und Führende als Rollenmodelle auf dem Pfad

Wirkliche Lehrer und Führende sind keine Diktatoren oder Bezwinger. Sie sind Rollenmodelle. Ihre Basis ist das Lehren und Führen durch ihr lebendiges Beispiel. Sie inspirieren und unterstützen. Sie geben sich hin, und wenn nötig retten sie Leben.

Sie sind Beispiele der Weisheit und der alles umarmenden, alles umfassenden Liebe, Beispiele des Strebens und des hingebenden Dienstes, Beispiele der Gewaltlosigkeit, der Würde und Bescheidenheit, Beispiele der aufrichtigen Rede, der Verantwortung und des Respekts.

Schließlich und endlich ist es der einzige Weg ein wirklicher Nachfolgender der Zeitlosen Weisheit zu werden und um den Pfad in ein besseres Leben zu finden, wenn man sich entschließt den Fußspuren eines wirklichen, wahrhaftigen Lehrers zu folgen, und sich bemüht die fünf großen Prinzipien in seinem Leben anzuwenden, dabei lebt man also ein Leben, das höhere Werte verwirklicht, sowie alle wahrhaftigen Lehrer es vor uns schon getan haben.

Niemand kann führen und lehren, wenn er nicht gelernt hat nachzufolgen, und auch dabei nicht gelernt hat, höhere Werte und höhere Prinzipien in seinem täglichen Leben anzuwenden.

Wenn das Streben des Nachfolgenden ehrlich, ernsthaft und wahrhaftig ist, so hat der ernsthafte Sucher dann bald auch schon seinen wirklichen, ehrlichen und wahrhaftigen Lehrer gefunden, und das dann sicherlich auch auf dem richtigen, dem lebendigen Pfad.

All dies bewirkt die Transformation des niederen Selbst und die Transmutation der Körperhüllen des Nachfolgenden. Dies bedeutet kontinuierliche Transformation und kontinuierliche Transmutation.

Wir können sagen, dass der Nachfolgende von nun an beginnt sein altes Leben zu verlassen, sein Leben, das bislang bis zu einem gewissen Grad selbstbezogen und durchschnittlich war, selbstsüchtig und egozentrisch.

Dieses Leben, so wie es für uns alle ist, gewöhnlicher Weise, bevor wir wirklich ehrlich, selbst beobachtend und achtsam werden, dieses Leben verlässt der Nachfolgende von nun an also.

Sagen wir es einmal so: Der erste Schritt in die Selbst - Transformation für den Nachfolgenden ist ein Weckruf, oder ein tiefer Schock, der sozusagen durch den Kuss seines „Engels" hervorgerufen wird, bevor er den wirklichen Pfad betreten kann, um ein absolut neues Wesen zu werden!

Nichts desto Trotz, am Anfang ist alles sehr, sehr schmerzvoll, manchmal ein verwirrender und ein sehr irritierender Prozess, Krisen folgen noch größere Lebenskrisen, aber später fängt der Nachfolgende an, diesen Prozess aus unterschiedlichen Perspektiven zu betrachten.

Zu bestimmter Gelegenheit versteht er dann, die Lebenskrisen und die bei bewusster Entscheidung darauffolgende Transformation und Transmutation zur „Besserung" als eine erstklassige Chance der Heilung, als eine inspirierende Herausforderung zu mentaler und spiritueller Entfaltung. Er sieht sein Leben von nun an als ein „Allround - Abenteuer".

Nun genießt der Nachfolgende seine Transformation und Transmutation. Schwierigkeiten und Krisen werden als Herausforderungen gewertet und negative Energien, Hindernisse und Blockaden werden in Chancen und als Erweiterung des Bewusstseins und in die Chance zur Erweiterung des gesamten Lebens verwandelt.

Er nimmt in Freude und in Frieden und sehr stabil und standhaft, all die unterschiedlichen Sensationen und Lebensereignisse wahr.

Der Nachfolger bemüht sich nun zu dienen, mehr und mehr alles, was er hat zu teilen und seine Liebe auszudehnen und zu vertiefen.

Diese Prozesse haben eine immense Auswirkung auf die Körperhüllen des Nachfolgers, alle Substanzen in seinen Körpern, die ganze Körperchemie verändert sich.

Das bedeutet, dass seine drei Körperhüllen, der physische, der emotionale und mentale Mechanismus gereinigt wird, um mehr Licht, Liebe und Kraft durch seine Körper an die Umgebung abgeben zu können.

Ein gleichzeitiger Begleiteffekt sind die Heilung und die Übereinstimmung seiner Körper miteinander.

Das bedeutet die Auswirkungen sind in den feinstofflichen Körpern, am dichten, physischen Körper, in der Umgebung und ebenfalls in den Beziehungen des Nachfolgenden zu beobachten.

Die Körper des Nachfolgers verändern sich zuerst zu 30%, dann zu 60%, dann zu 90% und schließlich zu 100%.

Schrittweise gelingt es dem Nachfolger sein Ego in der Ecke stehen zu lassen, um es letztendlich zu überwinden und als wahres Selbst zu leben.
Der Nachfolgende vergisst sich selbst, wird selbstlos, alles umarmend und liebt wahrhaftig hingebend.
Alles in allem, können wir sagen, dass dies die Transformation und Transmutation des niederen, kleinen Selbst und seiner Körper ist, hin zu dem wahren, wirklichen Selbst und seinen Körpern.

Dies ist nicht möglich ohne einen wahrhaftigen Lehrer, da man weiß, aus verschiedensten Überlieferungen, dass die Nachfolge ein schwieriger und harter, manchmal auch ein sehr schmerzhafter und gefährlicher Weg ist. Das ist der Grund warum ein wirklicher Lehrer als Rollenmodell anleitet und ein Beispiel ist für den Nachfolgenden, ein Beispiel und eine Inspiration hin zu einem tugendhaften und wertvollen Leben.

Der Lehrer kreuzt den Weg des Nachfolgenden, wenn seine Zeit reif geworden ist.
Schüler und Lehrer werden magnetisch zueinander hingezogen .... !
Der ehrlich suchende und sich bemühende Nachfolgende, der aus vollem Herzen Studierende der Zeitlosen Weisheit wird den richtigen Lehrer für sich finden, einer der ihn aus großer Distanz betrachtet, ohne in seine Belange involviert zu werden, aber dennoch genug Empathie, Mitgefühl und Liebe aufbringen wird, um ihm hie und da einen weisen Rat zu geben ... nicht mehr. So findet der Nachfolgende selbst seinen Ausweg, aus seinen altbekannten Geschichten, Geschichten, die die Quelle all seiner Krisen waren.
Ein wirklicher Lehrer ist eine große Seele und gleichzeitig auch ein Nachfolgender.
Einer, der ebenfalls nachfolgt, er folgt denjenigen großen Seelen, die vor ihm auf dem Pfad waren.
Es ist nötig, dass wir uns mit der Kette verbinden, die von diesen großen Seelen gebildet wird, damit wir uns befreien und diejenigen unterstützen können, die sich ebenfalls befreien wollen. Wir brauchen die, die eine klare und liebende Sichtweise haben, denn es sind diejenigen, die uns zu unserem wahren Selbst begleiten können.

Wir brauchen diese großen Seelen, die den Pfad durch den Dschungel kennen. Wir brauchen diese Großartigen, die uns weit voraus sind, aber nicht zu weit weg von uns, so dass sie nicht außer Reichweite sind, aber sie sollten auch nicht zu nah sein …

Der Weg durch den Dschungel, der wirkliche Pfad, der Weg, der wirklich funktioniert, wurde gewebt durch das Wesen dieser großen Seelen und wird in Schönheit beschritten von all den Nachfolgenden. Sie alle sind kostbare Juwelen und Perlen.
Sie haben ihr ganzes Leben niedergelegt als Pfad für all die, die folgen werden.
So wächst der Pfad und wir alle sind eines Tages ein Teil davon!

All diese Seelen, diese Juwelen und Perlen sind Teile dieser endlosen Kette, die gemacht wurde, und der nachgefolgt wurde von allen wahren Nachfolgern und von allen wahren Lehrern und ehrlich Suchenden.
Diese Kette ist ein energetisches Band aus Licht, Liebe und Kraft, diesen drei tragenden Säulen der Zeitlosen Weisheit. Diese Kette verbindet alles und hält alles zusammen.

Jedoch muss der Nachfolgende den Pfad alleine beschreiten, um sich selbst zu transformieren, voranschreiten und auf eigenen Füßen stehen, er muss auf sein Herz hören, mit einem offenen und reinen Geist.
So müssen wir am Anfang verstehen, dass wir selbst die Arbeit tun müssen, um uns letztendlich zu befreien, und wir müssen verdauen, dass dies wirklich harte Arbeit ist!
Später, nach einigen Krisen beginnt der Sucher mit größerer Leichtigkeit und mehr Orientierung der Weisheit dieser großen, lebenden Beispiele nachzufolgen.
Er wird sogar lernen den Fußspuren der Meister nachzufolgen.
Dies ist eine riesengroße Freude für den Nachfolgenden – trotz harter Arbeit!

Die Hierarchie – Die Meister der Weisheit und Liebe

Wer sind sie ... die Meister der Hierarchie, die Meister der Liebe und Weisheit?

Es sind perfekte Seelen, die mit ihrem wahren Selbst eins geworden sind ... eins mit dem Einen Selbst.

Es sind die, die zuhause und eine Fackel, ein brennendes Feuer auf dem Pfad aller wirklich Suchenden und strebenden Nachfolgenden darstellen.

Sie sind Verkörperung und lebendiges Beispiel, sie sind ein perfektes Beispiel für uns alle, egal was wir glauben, wer wir und wie weit wir spirituell und geistig fortgeschritten sind.

Sie sind eine große Orientierungshilfe für ein Leben mit höheren Werten und Tugenden.

Sie sind die Verkörperung der fünf großen Prinzipien, Schönheit, Güte, Freude, Aufrichtigkeit und Freiheit!

Hierarchie, hier in diesem Zusammenhang hat nichts mit „von oben herunterschauen", hat nichts mit auf andere herunterschauen zu tun, hat nichts damit zu tun, dass die manipuliert werden, die ohne Macht sind, im Vergleich zu denjenigen, die scheinbar weiter entwickelt sind, und hat auch nichts damit zu tun, dass über andere geherrscht wird, oder dass diese, die scheinbar ohne Macht sind, am Ende wieder versklavt werden.

Im Gegenteil, die Hierarchie der Meister dient und hilft der Menschheit in der Entwicklung und Evolution ihrer Seelen, begleitet sie nach Hause, beschützt die Menschen in Zeiten der Krise und lehrt die Menschheit pure Liebe, Licht, Kraft und Hingabe durch ihr Beispiel.

Alle Meister sind in einen großen Plan eingebunden. Sie alle arbeiten Hand in Hand, zusammen und verbunden in ihren Herzen, ihrem Intellekt und in ihrem Geist.

Der Plan, der hier gemeint ist, ist die Ausdrucksform eines höchsten Zwecks.

Der Plan hat mit der Liebe und Weisheit unserer planetarischen Seele zu tun, und die Mitglieder der planetarischen Seele stehen in Beziehung zu unserer Menschheit.

Shamballa also, die höchste Quelle, das allerhöchste Kraftzentrum purer Willensenergie sendet ihre Elektrizität zu den Meistern der Hierarchie.

Die Elektrizität von Shamballa fließt durch die Meister auf diesem Wege, durch die Meister der Hierarchie, und sie wiederum halten die Gruppe der Nachfolgenden zusammen in purer und hingebender Liebe, und verursachen so, dass die Nachfolgenden hingebend lieben, streben und den Menschen dienen.

Die Meister der Hierarchie sind „eins" und existieren in Einheit.

Durch all ihre Leben hindurch waren sie immer wieder große Heiler, große Menschheitsführer, große geistige Vorkämpfer, Krieger des Geistes und Weltlehrer.

So haben sie folglich auch nicht zu einer einzigen Nation oder Religion gehört und sind dennoch die Verkörperung wahrhaftiger Spiritualität, und zeigen uns damit die Reiseroute ins eigene und wirkliche Selbst auf.

Wir kennen einige mit Namen, solche Namen wie Christus, Buddha, Krishna, Mohammed, Moses ... und viele andere, die hier nicht erwähnt werden können.

Schätzungsweise gibt es aber auch viele, die uns immer noch unbekannt sind.

Wir kennen die Namen, von einigen zwar, aber die meisten von uns haben keine wirkliche Vorstellung von dem Wesen, dieser großen Seelen, keine Ahnung was für eine Wesenheit hinter dem Namen und den damit verbundenen Begrifflichkeiten wirklich steckt.

Es ist schwer ihre Funktion, ihre Aufgabe, ihre Sendung und Mission in die Boxen unserer kleinkarierten Vorstellungswelten einzusortieren. All dies erklärt auch die vielen Fanatismen, Intoleranzen, die Glaubenskriege, den Hass und die Verblendungen, die verschiedene religiöse und esoterische Richtungen zwischen den Menschen immer wieder auf den Plan rufen. Schade eigentlich, schade für die Möglichkeiten, die uns diese ursprünglichen Leitbilder ursprünglich angedacht haben.

2. Erfordernisse zur Nachfolge

c) Lerne den richtigen von falschen Pfaden zu unterscheiden

Zuallererst führt der richtige Pfad den Nachfolger in sein eigenes „Schlachtfeld", in seine altbekannten und selbst gemachten Krisen.
Der richtige Pfad ist ein Prozess des Erwachens und der Selbstkonfrontation.
Es ist der Prozess wirklich, ehrlich und wertvoll zu werden.
Es ist der Prozess der Egoüberwindung, der Überwindung des niederen, kleinen Selbst, um fähig zu werden als Seele zu leben, als eine Seele, die ein großes Ziel verfolgt. Es ist ebenfalls der Prozess dein wahres Selbst zu werden.
Der richtige Pfad, ist der Pfad des Dienens, Strebens, der Hingabe und dem fünfstrahligen Leitstern zu folgen, um die fünf großen Prinzipien im Leben zu verwirklichen; die Prinzipien der Schönheit, der Güte, der Aufrichtigkeit, der Freude und der Freiheit.
Sehr oft folgen wir dem falschen Pfad, weil er so komfortabel im Verfolgen ist.
Falsche Pfade machen uns zu faulen und halluzinierenden Reisenden, die sich in Hochmut und Eitelkeit befinden. Auf dem falschen Pfaden triffst du viele so genannte hohe Eingeweihte, Channel und Medien, die angebliche Botschaften übermitteln von Meistern, Erzengeln und dergleichen.
Personen, die auf falschen Pfaden reisen, mögen es auch nicht ihre Denkweisen, ihre Emotionen und ihre Handlungen zu überprüfen und zu verändern.
Sie haben keine „Sinne" entwickelt für höhere Ziele.
Sie mögen es nicht nach Perfektion zu streben, da sie glauben sie sind schon perfekt. Meist sind sie unter anderem auch in ihren Tagträumen gefangen, die ihnen vorgaukeln, dass sie auf sehr spezielle Weise persönlich begleitet sind von einem Meister, oder noch schlimmer, sie glauben, dass sie so weit entwickelt sind, dass sie gar keine Führung und Unterstützung mehr brauchen. Manche unter ihnen halten sich sogar selbst für hohe Eingeweihte.
Das ist eine traurige Realität da „draußen" ... und sehr weit verbreitet ....

Ein Nachfolger aber lernt durch das Zurücklassen seiner Selbstsucht und durch das Zurücklassen seines Egos in seinen Verhaltensweisen wirklich bescheiden und würdig zu werden. Er wird kostbar und wertvoll. Er hat großen Respekt für andere, und er respektiert sich selbst ebenso.
Je mehr Größe jemand entwickelt, umso mehr Bescheidenheit entwickelt er auch.
Er braucht nicht anzugeben. Wachsende Bescheidenheit und Hingabe an ein großes Ziel sind die Zeichen, dass einer dem richtigen Pfad folgt.

<u>Wie noch können wir den richtigen Pfad vom falschen Pfad unterscheiden?</u>

Es ist verständlich, dass keiner von uns von morgens bis abends kämpfen möchte.
Wir wollen uns von unseren Fesseln und tagtäglichen Kämpfen befreien, aber wenn Spiritualität zu einer Verblendung und einer Flucht wird, beginnen wir uns Tagträumen hinzugeben ... und alles wird so verloren sein.
Wenn wir in die Falle tappen und unsere Verantwortungen vernachlässigen, unsere höheren Verpflichtungen und unser Karma missachten, und wir verweigern danach zu streben ein besserer Mensch zu werden, werden wir den Pfad nach Hause nicht finden.
Wir werden keine Visionen, Inspirationen oder höhere Ziele haben ...

Wenn wir unseren Verblendungen und Illusionen, unserem niederen, kleinen Selbst, unseren schlechten Gedanken und Gefühlen und unserem Ego folgen, werden wir für lange Zeit auf dem falschen Weg gefangen sein, solange bis jemand kommt und uns einen seelisch / geistigen „Elektroschock" verpasst, uns aber genau dadurch mit unserem wahren Selbst verbindet und mit einer höheren Realität konfrontiert, dies alles damit wir endlich verstehen, was unsere wirkliche Wahrheit ist.
Du bist nicht das, was du glaubst was du bist ... du bist nicht deine Gefühle, nicht deine Körper und auch nicht deine Tagträume und Illusionen. Du bist mehr!
Wir müssen unsere Körper vom Staub vergangener Zeitalter und Lebenszeiten befreien.

Wie schon vorher erwähnt, Transformation und Reinigung und schließlich die Transmutation unserer „Fahrzeuge", unserer Körper wird uns zum Erfolg auf dem Pfad der Nachfolge führen.

Unser „Augenlicht" wird klar und scharfsichtig, das bedeutet wir lernen wahrhaftig zu unterscheiden. Unterscheidungskraft ist eine Tugend. Wie können wir die Tugend der Unterscheidungskraft kultivieren, entwickeln?

Durch Meditation, Visualisierung, tiefsinniges Denken, Selbstbeobachtung, Beobachten aus unterschiedlichen Blickwinkeln und durch die tagtägliche standhafte Verwirklichung von höheren Werten und Tugenden können wir uns beständig weiter entwickeln.

Durch Achtsamkeit, Wachsamkeit und Unterscheidungskraft zum Beispiel, und zum Beispiel durch die tägliche Aktualisierung der fünf „großen Prinzipien," entwickeln wir uns weiter, ohne dabei sich selbst und andere für gemachte Fehler, für eventuelles Versagen und für Schwächen zu verurteilen, dadurch wird sich unsere Sichtweise verändern, so dass wir herausfinden, was falsch und was richtig ist, und was falsch oder richtig ist für uns selbst.

Doch über all dem steht, dass wir auf die „Stimme unseres Herzens" hören.

<u>Wie können wir lernen die Stimme unseres Herzens zu hören?</u>

Unsere niederen Verstandesebenen formen und etikettieren all unsere Visionen, Gedanken, Gefühle und Erfahrungen und tendieren auch dazu alle Arten von Erfahrungen, Eindrücken, Empfindungen und Inspirationen zu kontrollieren und zu dominieren.

Die meiste Zeit sitzt unser niederer Verstand in der Falle und denkt er wäre übergeordnet und überlegen.

Viele sogenannte Intellektuelle leider, sind auf niederen Verstandesebenen polarisiert und gefangen. Dies gibt ihnen das Gefühl sie wären anderen überlegen. Auch glauben sie unbewusster Weise, dass ihr Verstand überlegener als ihr Herz und ihre Intuition ist.

Die eigentliche Wahrheit ist aber, dass die Intuition dem Verstand überlegen ist.

Hier an dieser Stelle würde ich gerne etwas über die sieben Ebenen des Verstandes hinzufügen.

Der Verstand, bzw. der Mentalkörper hat drei niedere oder untere Ebenen, eine mittlere Ebene und drei höhere Ebenen.

Im Buch: „Die Glorie des Denkens" von Torkom Saraydarian finden wir auf Seite 261, Kapitel 32, „Gedankenenergie", folgenden Satz aus einem Gebet:

„Erleuchte meinen Verstand, oh Lord, so dass ich den richtigen Pfad wähle"...

Dieser Satz ist insofern interessant, um aufzuzeigen, wie der Verstand, sogar der logische Verstand von Wichtigkeit ist, wenn er „erleuchtet" ist, um durch die Unterscheidungskraft, die durch Erkenntnis entsteht (durch „mehr" Licht nämlich), um dann schließlich mit der „blitzartigen Energie der Intuition" das Kreieren der eigenen Wirklichkeit zu ermöglichen. Es ist wichtig, den eigenen, nächsten Schritt zu erkennen, um der eigenen Vision und dem eigenen Weg zu folgen. „Oben auf dem Berg", sozusagen, gipfeln alle unterschiedlichen Wege an einem Zielort.

Davor muss man allerdings seinen eigenen Weg zum Gipfel wählen.

Torkom erklärt weiter, dass die mittlere Ebene des Verstandes, die Ebene der Wahl ist. Die mittlere Verstandesebene des Mentalkörpers ist also eine Art Brücke zwischen den niederen, unteren Ebenen und den höheren Ebenen.

Die unteren, niederen Verstandesebenen werden auch der „konkrete Verstand" genannt und sind „formend" ... oder verfestigend, „erhärtend" und verdichtend.

Die drei höheren Verstandesebenen werden auch der „abstrakte Verstand" genannt.

Der abstrakte Verstand empfängt Impulse, Eindrücke und Inspirationen von der Seele oder von der Intuition, der Intuitionsebene...und ist „feurig" oder „elektrisch".

Die Intuition ist die „Intelligenz des Herzens".

Nur ein pures, reines und feuriges Herz und ein Verstand, der nicht auf den konkreten Verstandesebenen gefangen ist, kann die höheren Verstandesebenen erreichen und berühren, um die Intuition wirken zu lassen, so die „innere Stimme" vernehmen, um ihr „gehorsam" zu leisten, das heißt hier, sie zu erhören, die innere Stimme durch die Intuition.

Im Grunde sind die höheren Verstandesebenen der Gedanken - bildende Mechanismus, und die unteren Verstandesebenen sind Formen - bildend.

Die sieben Ebenen des Verstandes und des Mentalkörpers müssen miteinander verbunden sein, überbrückt sein, um die „Innere Stimme" überhaupt klar und deutlich hören zu können.

<u>Der Gehorsam gegenüber der Stimme des Herzens</u>

Wir sollten in gewisser Weise „gehorsam" werden. Wir sollten richtig hinhören, mit anderen Worten. Wir sollten hören, auch wenn keiner spricht.

Gerade dann sollten wir hinhören und hören, denn in diesem Moment der Stille, spricht unser Herz zu uns, und dann sollte unser Verstand der Stimme des Herzens gehorchen ... und nicht umgekehrt.

Selbstlos lieben ist in diesem Falle ein starkes Reinigungsprogramm für den Gehörgang. Erhören wir unser Herz, beginnen wir uns in Liebe selbst zu vergessen.

Wir können sagen wahre, aufrichtige und alles umarmende Liebe ist verbindend, Synthese erzeugend und eine überbrückende Kraft hin zu höheren Ebenen des Bewusstseins.

Diese Art der Liebe ist eine spezielle Art höherer Elektrizität.

Diese Art der Liebe verbindet und synchronisiert unsere Gedanken mit unseren Gefühlen und mit unserem Handeln, sie heilt uns und bringt uns in direkten Kontakt mit allem, was uns umgibt ....

Sie vernetzt die höheren Verstandesebenen des Mentalkörpers mit den unteren Ebenen des logischen, praktischen Verstandes.

Dies führt uns in „direktes Wissen", hin zu unserer Intuition mit der Geschwindigkeit eines Aufzugs.

Diese Art der Liebe macht uns „wirklich", weise und intelligent, brillant und intuitiv.

Diese Liebe führt uns zu höherem und direktem Wissen, wie ein plötzlich treffender Blitz.

Ist die Brücke hin zu den höheren Ebenen des Mentalkörpers ohne Blockaden, trifft uns dieses Liebes - Wissen so schnell wie ein Pfeil, der sein Ziel erreicht.

Gibt es keine Hindernisse mehr, auf der „Brücke in der Mitte" hin zu den höheren Verstandesebenen des Mentalkörpers in unserem Bewusstsein, können wir mit dieser hohen, energetischen Spannung etwas sehr Wertvolles erschaffen.

3. Führen, indem wir ein Beispiel sind

a) Sei ein Beispiel für dich selbst und andere

<u>Wie können wir ein Beispiel für uns selbst und andere sein?</u>

1. Sei dein täglicher, eigener Beobachter ... beobachte, strebe, nehme Notiz von deinem Fortschritt und von deinem Versagen und bleibe dabei bescheiden und strebe immer intensiver weiter ... wähle, wähle den richtigen Pfad, den Pfad der Schönheit, der Güte, der Aufrichtigkeit, der Freude und der Freiheit und beziehe dich hierauf.
Das heißt, folge diesem Pfad, lebe die fünf großen Prinzipien, kreiere mit dieser kostbaren Energie, mache sie „wirklich" in deinem Leben, diene anderen.

2. Sei allen dankbar, die dich dabei unterstützen.

   Sei auch allen dankbar, die dich sabotieren, sei allen dankbar, die dich im Stich lassen und betrügen, sei allen dankbar, die dich beneiden.
   Denn all diese sind die, die dich stark machen ohne es zu wissen oder zu wollen.
   Sei dankbar den Großen Seelen, die dich führen, deinen wahrhaftigen Lehrern, sei dem Beispiel großer Führender und großer Retter der Menschheit dankbar ....
   sei dir selbst dankbar!

3. Sei wirklich vergebend, vergib anderen, vergib dir selbst und lass die Vergangenheit los.

4. Liebe tiefer, mehr und mehr alles umarmend, vergrößere dein Mitgefühl und erweitere dein Bewusstsein.

5. Löse dich vom Selbstinteresse und opfere dein Versagen, deine Hindernisse, deine Blockaden, deine Selbstsucht, opfere deine begrenzten Sichtweisen, opfere dein limitierendes Verlangen, und opfere deine Vergangenheit und das Pflegen deiner Wunden ... opfere all dies für eine große Vision und Aufgabe.

6. Bemitleide dich nicht selbst.

7. Folge der Stimme deines Herzens und höre auf dein Gewissen.

8. Halte Balance zwischen Meditation, deiner spirituellen Disziplin, deinen täglichen Verantwortungen, deinen Verantwortungen gegenüber Menschen, die du liebst, gegenüber deiner Familie und Freunden und gegenüber Deinem Lehrer und deiner Gruppe.

9. Verstärke deine Intuition, deine Visionen und Ziele ... beständig ... bewege dich auf deine Ziele zu.

10. Finde Wege und Mittel das Gebiet deines Dienstes am Menschen zu erweitern.

11. Verbinde deine einzelnen Körperhüllen miteinander. Verbinde deine Gedanken mit deinen Gefühlen und mit deinen Handlungen.

12. Bleibe in der Freude, der Güte, der Aufrichtigkeit, der Schönheit und der Freiheit ... egal was passiert.

13. Lebe ein würdiges, ehrliches, liebendes und freudiges Leben. Umgebe dich mit Schönheit.

14 Strebe, gebe dich hin, diene und teile.

15. Diene ohne Erwartung!

3. Führen, indem wir ein Beispiel sind

b) Strebe dich täglich zu verbessern, und lass dich von den Techniken und Methoden, derjenigen inspirieren, die diesen steilen Pfad schon erprobt haben.

Tägliches Streben nach einem besseren Leben, nach höheren Werten und ein Streben ein besserer, ein auf mehreren Ebenen erfolgreicherer Mensch zu werden, gibt uns eine persönliche, rhythmische und stabile Basis, um unser Leben und unseren Alltag zu meistern. Wird Strebsamkeit in Bezug auf höhere Werte, Bewusstseinserweiterung und der Aktualisierung einer lebendigen und gelebten Ethik und das Fokussieren unserer Vision, gegenüber unseren Zielen, ohne Widerstand und mit Leichtigkeit und mit vertieften Einsichten verfeinert, dann wird unser Leben zur Musik, zur Kunst, wie ein wundervolles, farbenprächtiges Gemälde, eine Symphonie aus Farben, Klang und Duft, ein wundervolles Abenteuer, eine erlebnisreiche Reise. Die Aktualisierung einer erweiterten, höheren Vision verbindet unser Leben als Person im „Außen", in dieser Welt, mit dem „Leben der Seele in uns".

Es verbindet so also das Äußere mit dem Inneren, hin zu unseren Zielen, harmonisch verbunden auf all unseren Existenzebenen, mit Konzentration auf eine erhebende, allumfassende Vision.

So wird uns tägliches Streben und die „elektrische Spannkraft unseres Willens" stabilisieren. Durch tägliches, rhythmisches Streben und Fokussieren auf unsere uns „Schritt für Schritt" erhebende Vision, erschaffen wir ein „konstruktives Muster", das diese Vision Wirklichkeit werden lässt.

Dieses „Muster" wird das Fundament für die Verwirklichung unserer Vision. Es wird interessant, wenn sich dieses Muster dann mit höherer Energie aufladen wird.

Das bedeutet Fokus, Konzentration, Meditation und Kontemplation auf wahrhaftige und wirkliche Dinge.

Doch zuallererst möchte ich hier noch erklären, was ich denke, was nicht wirklich ist.

Viele Menschen glauben eine Vision, ja vielleicht sogar eine „Mission" zu haben, bauen aber leider nur auf Sand, da sie nicht über den Gartenzaun ihrer kleinen Person, über ihr Ego hinausschauen können. Sehr wahrscheinlich hat es ihnen auch keiner beigebracht.

Ego - Zentriertheit führt zu Isoliertheit, ist illusorisch und macht uns aus diesem Mangel heraus, selbstsüchtig.

Es ist natürlich keine wirkliche Energie in der Selbstsucht zu finden.

Eine egozentrische Vision und ein egozentrischer Lebensstil beinhaltet keine wirkliche Liebe, trennt uns so vom Rest der Welt, macht uns unwürdig für die Liebe, macht uns ganz generell unwürdig und verbindet uns so auch nicht mit der Energie, die alles einschließt, unterstützt, umarmt und nährt.

Solche Visionen, Ziele und Lebensstile sind also nicht dauerhaft mit Erfolg gekrönt und machen auch niemanden wirklich glücklich. Wir sind auf diese Weise nicht mit dem Wohle des Ganzen verbunden.

Selbstsüchtige Visionen und Ziele trennen und isolieren dich, isolieren dein Ziel und dein Leben von der großen Quelle.

Selbstsüchtige und egozentrische Ziele trennen dich also ab von der Quelle, die dich mit Energie versorgt, und trennen dich auch ab vom Rest dieser Welt.

In der Abtrennung, der Separation sind somit also keine wirklichen Werte, kein Glück, keine Freude und Zufriedenheit, keine Liebe und keine wirkliche, individuelle Weiterentwicklung zu finden.

Stattdessen wirst du Konkurrenz, Hochmut, Hass, Angst, Eifersucht und dergleichen vorfinden, in dir, in deinem Umfeld, und du wirst es aus diesem Teufelskreis heraus, auch immer wieder neu kreieren.

All das ist Versagen und erschafft „Kurzschlüsse", Hindernisse und bringt Versagen, das irgendwann Zerstörung, Chaos, Wahn, Krankheit und Negativität im Gefolge hat.

Im Falle wir entdecken diese Blockaden und Negativität in uns, wäre das ein erster Schritt in Richtung Transformation. Arbeiten wir aber nicht tatsächlich daran, bemühen uns nicht, setzen unseren Willen nicht ein, und streben es nicht an eine lebendige, gelebte Ethik zu verwirklichen und radieren unseren egozentrischen Lebensstil,

diese Hindernisse und die Negativität nicht, aus unserem Leben aus, und erweitern nicht unseren Horizont, in dem wir unseren Separatismus und unsere Selbstsucht aufgeben, weil wir denken, dass es „normal" ist so zu sein, werden unsere Vision und unsere Ziele kontaminiert mit den „Keimen" dieser Negativität, egal wie glorreich unsere Vision für uns zu sein scheint.
Schließlich wird unsere ganze Konstruktion kollabieren.

Um nicht immer wieder kollabierende Visionen und Realitäten zu erleben, die auf Selbstsucht, Isolation und Separatismus aufgebaut sind, ist es notwendig, dass wir uns als Mensch beständig weiter entwickeln, verbessern und transformieren, unsere drei Körperhüllen, unsere physische Hülle, unsere emotionale und mentale Hülle transformieren. Ist es notwendig, dass wir uns inspirieren lassen durch Techniken und Methoden, die weit entwickelte und „fortgeschrittene" Vorgänger, Lehrer und Meister ihres Fachs auf dem Pfad erprobt und überliefert haben. Weiter ist es von Bedeutung diese eben auch für uns selbst auszuprobieren, an unsere Bedürfnisse und an unsere Aufgaben anzupassen.

Es wird Schritt für Schritt notwendig werden, diese von uns selbst und für uns selbst nun erprobten Techniken und Methoden schließlich in unseren alltäglichen Rhythmus einzubauen, um danach zu streben uns selbst als Individuum weiter zu entwickeln und zu veredeln, um uns auch in der Umsetzung unseres ganz alltäglichen Lebensstils zu verfeinern und zu verbessern.

Wir werden auf diese Weise erkennen, wie unterstützend die Techniken und Methoden, das Beispiel großer Weiser, großer Meister ist, und wie unterstützend das Beispiel veredelter Seelen ist, wenn wir unseren eigenen Weg gehen, unserer Vision folgen wollen, dem einen für uns richtigen Pfad folgen wollen.

Wie können wir uns selbst verbessern
und in die „richtige Richtung" fokussieren
und streben?
Was sind wirkliche und wahre Werte,
und was ist mit Methoden und Techniken gemeint,
die unsere Vorgänger erprobten?

Das Entdecken, Fokussieren und Streben nach „Wirklichem" und wirklichen Werten bringt mit sich, dass wir uns in die richtige Richtung bewegen. Doch was ist wirklich, was ist ein wahrer und wirklicher Wert?

Wie vorher erwähnt, hier die fünf höheren Prinzipien, die viele folgende, höhere Werte nach sich ziehen, noch einmal:

Schönheit, Liebe und Güte, Aufrichtigkeit, Freude und Freiheit

Wenn wir darüber nachdenken, was diese Werte wirklich bedeuten, und was dahinter steht, wenn wir beginnen „wissenschaftlich" mit diesen Werten zu meditieren, wenn wir tief darüber nachdenken, also ziehen wir die Energie dieser höheren Werte zu uns, bis schließlich unsere Visionen und Ziele alle auf einer höheren Ebene des Bewusstseins basieren.

Selbstsucht, Negativität und Hochmut zum Beispiel haben keinen Platz, um auf höheren Ebenen des Bewusstseins zu wachsen, und so „erheben" wir rhythmisch unser gesamtes Wesen auf eine höhere Ebene.

Die oben erwähnten fünf höheren Prinzipien haben viele andere höhere Werte und Tugenden in Begleitung. Mit diesen Werten und Tugenden können wir arbeiten, um unser Licht, unsere Liebe und unsere Kraft in alles hinein – und auf alles, was uns umgibt, strahlen zu lassen.

All die begleitenden Werte und Tugenden sind miteinander verbunden wie kostbare Perlen an einer Kette.

Die Perlen dieser wertvollen Kette sind zum Beispiel:

Mitgefühl, Vergebung, Dankbarkeit, Mut, Gewaltlosigkeit, Respekt, Verantwortung, Geduld, Verständnis, Loyalität, der Wille zum Guten, Unterscheidungskraft, Selbstbeobachtung, Vertrauen, Glauben, Würde, Großzügigkeit, andere nicht auf eine negative und herabsetzende Weise kritisieren, nicht verurteilen und verdammen, Kooperation, Vision, Vereinigung und Einheit, Synthese, Synergie, Ehrlichkeit, Dienst, Hingabe, alles umarmende Liebe, Einsatzbereitschaft, Einsicht, Willenskraft, Ernsthaftigkeit, Streben, Furchtlosigkeit, Bescheidenheit, losgelöst sein und nicht anhaften wollen ... sowie viele andere Tugenden und höhere Werte.

Torkom Saraydarian schreibt in *„New Dimensions in Healing"*, auf Seite 677, Folgendes über höhere Tugenden:

„Tugenden sind elektrische Energien, die von unserem inneren Kern ausgehen. Sie geben uns Gesundheit, Schönheit, Energie und Wachsamkeit."

Weiter schreibt Torkom:
Tugenden werden als die Strahlen von Heiligen angesehen. Diese Strahlen besitzen Heilkraft, die Kraft zu erleuchten und zu inspirieren. Niemand wird als groß oder großartig angesehen, bis dass er nicht fundamentale Tugenden demonstrieren kann.
Tugenden erwecken Vertrauen, Strebsamkeit und Hingabe, hin zu dem großen Ziel der menschlichen Befreiung.
Tugenden haben ebenfalls einen beachtlichen Effekt auf unsere Körperchemie und unsere Gesundheit.

Zum Beispiel:
MITGEFÜHL stärkt das Herz und
harmonisiert unsere Verdauung.

FURCHTLOSIGKEIT stärkt und korrigiert unsere Nieren.

DIENST reinigt unsere Muskeln von Giften
und hilft uns unser Lymphsystem zu regulieren. (Zitatende)

Wissenschaftliche Meditation, Visualisierung, Nachdenken und tiefes Nachsinnen über „Höhere Werte und Tugenden", das Studieren von altem, esoterischem Wissen, die „Zeitlose Weisheit", Gebete, Kontemplation und Selbstbeobachtung auf einer rhythmischen täglichen und seit jeher erprobten Basis, um in die richtige Richtung zu streben, sind ebenfalls sichere Methoden, um sich Schritt für Schritt zu verbessern, auf harmonischem und rhythmischem Wege.

Diese Methoden, Techniken und Konzepte werden uns erheblich helfen, uns zu heilen und zu reinigen, uns zu verfeinern, in Einklang zu bringen, uns zu transformieren, unseren dreifältigen Mechanismus, Körper, Herz und Intellekt zu transmutieren, sowie auch unser ganzes Leben zu verbessern.

Wissenschaftliche Meditation zum Beispiel, ist das Wählen einer Tugend in der täglichen Meditation, wie etwa „Mitgefühl" oder irgendeine andere Tugend unserer Wahl. Hierbei ist es wichtig, dass wir uns klar machen, dass mit dem Begriff „Tugenden", die Kräfte aus der Seele gemeint sind. Tugenden sind Seelenqualitäten, Seelenkräfte und höhere Werte.

Die gewählte Tugend dann, funktioniert als „Saatgedanke", um in die tiefere Bedeutung, zum Beispiel des Mitgefühls, mental, intuitiv und auch auf der Ebene der Empfindungen einzudringen.

Wählen wir also die Seelenqualität „Mitgefühl", fragen wir uns in der Meditation Folgendes:

„Was bedeutet Mitgefühl für mich?" Was hindert mich daran wirklich mitfühlend zu sein? Wie kann ich mein Mitgefühl vergrößern?" Was ist der höhere Wert von Mitgefühl? Wie verbessert sich mein Leben, wenn ich mitfühlender und empathischer werde? ... und so weiter und so fort .....

Ein fortgeschrittenes Stadium der „wissenschaftlichen Meditation", um dies weiterführend zu erklären, ist die Aufschlüsselung der täglichen Meditation in vier Phasen; in die **Form**, die **Qualität**, den **Grund / Zweck**, und die **Ursache,** zum Beispiel der Tugend des „Mitgefühls"... oder irgendeiner anderen Seelenqualität.

Wir können unsere Erkenntnisse aufschreiben und dabei in diese vier Phasen aufschlüsseln, also auch schriftlich in vier Phasen aufteilen zunächst und festhalten. So können wir unseren täglichen, zyklischen Fortschritt erkennen.

Wissenschaftliche Meditation ist insofern besonders, da sie die sieben Verstandesebenen durch intensiviertes Nachsinnen aktiviert, „anfeuert und elektrisiert" bis wir verstärkten, stabilen und sicheren Kontakt zu unserer Intuition und „Inneren Stimme" aufbauen können. Dieser Kontakt muss stabil sein, damit wir uns nicht in Illusionen, Verblendungen und süßlichem „Esoterik – Bla – Bla" verlieren. Im Grunde verbindet diese Art der Meditation alle Ebenen unseres Menschseins und unseres Wesens. Es verbindet Innen und Außen, „oben und unten".

Wir synchronisieren und synthetisieren so alle Ebenen unseres Seins.

Man kann sagen, dass wir durch tiefes in uns Eintauchen und Nachsinnen, Nachdenken, paradoxerweise ab einem gewissen Punkt gar nicht mehr denken, sondern endlich wahrnehmen, erkennen ... blitzartig! Das ist das Ziel. Hier nehmen wir mit aller Deutlichkeit unsere „Innere Stimme" wahr!

Wir können nun bevor wir mit der Meditation beginnen, uns zusätzlich bewusst mit dem großen Netzwerk, der Quelle, dem Feld und den fortgeschrittenen, großen Seelen und Meistern energetisch verbinden, indem wir eine Anrufung, ein Mantram sprechen, gefolgt von dreimal OM. OM ist der Ton, der Klang, der alle Klänge des Universums einschließt und die Welt der Formen, unsere materielle Welt hervorruft.

Wenn unsere Meditation beendet ist, schließen wir mit einer Anrufung, einem Mantram und tönen zum Abschluss noch einmal ein OM.

Danach schreiben wir unsere Erkenntnisse, Impressionen, Inspirationen und Intuitionen in ein Tage- oder Notizbuch.

Es wird empfohlen die wissenschaftliche Form der Meditation mit einem höheren Wert, einer Tugend oder einem Saatgedanken über einen Zeitraum von mehreren Tagen, Wochen oder Monaten zu praktizieren bevor wir weitergehen und eine andere Tugend oder einen anderen Saatgedanken wählen.

Auch das Meditieren mit speziellen Mantren, Gebeten und Visualisierungen während der Vollmondphase ist eine wundervolle Methode Energie und die Unterstützung durch die Qualitäten des astrologischen Sonnenzeichens und der gesamten, aktuellen astrologischen Konstellation herbeizuziehen während dieser Phase.

Um dies zu tun, meditieren wir mit speziellen, kombinierten Mantren, Anrufungen, mit wissenschaftlicher Meditation, mit Visualisierung und setzen den Fokus auf bestimmte Einstrahlungen „Strahlenkombinationen", ihre Formation, auf bestimmte Symbole, Farben, ihre Qualitäten, Werte und Tugenden.

Die Zeitlosen Weisheitslehren studieren, meditieren, visualisieren, Kontemplation praktizieren auf einer wissenschaftlichen Basis, ist das Eine, was wir tun können um in die richtige Richtung zu streben.

Das Andere, was wir tun können, ist das tatsächliche Praktizieren und Verwirklichen, in unserem alltäglichen Leben von dem, was wir entdeckt, verstanden und gelernt haben in unseren Studien und Meditationsphasen.

Wir praktizieren in unserem Alltag, wenn wir zum Beispiel konsequent „Selbstbeobachtung" betreiben. Selbstbeobachtung ist also auch eine Seelenqualität und auch ein höherer Wert von fundamentaler Bedeutung.

Wir praktizieren ebenfalls, wenn wir andere unterstützen, ihnen helfen und einem „höheren Dienst am Menschen" folgen.

Anderen dienen, kann bedeuten, dass wir andere unterstützen ihre inneren Potentiale zu entwickeln, nach „außen" zu bringen, ihnen zum Beispiel ebenfalls in ihrem Transformationsprozess helfen, und auch indem wir Themenbereiche der Zeitlosen Weisheit lehren, damit sie ihr Bewusstsein erweitern können.

Wir können auch ein Beispiel sein, indem wir ein aufrichtiges, ehrliches und wahrhaftiges, liebendes, freies und losgelöstes, freudvolles und schönes Leben führen.

Dienen und Führen ist das Teilen von Freude, Freiheit, Liebe und Güte, Schönheit und Wahrheit und Aufrichtigkeit.

Menschen führen, bedeutet ihnen zu dienen, indem wir aufzeigen, wie wir ein besseres Leben in Erfüllung führen und leben können.

Dabei überlassen wir denjenigen, denen wir dienen selbst die Entscheidung und zwingen nicht unseren persönlichen Willen und unsere Vorstellungen auf.

Durch die Phasen unserer Meditation und unserer Studien ziehen wir sehr viel Energie in unser System, und um nicht überwältigt zu werden von den einströmenden Energien, balancieren wir uns aus, indem wir etwas Wertvolles für andere tun.

Das bedeutet, dass wir ihnen dienen, ihre Seelen nähren, indem wir sie anleiten und führen, und wir selbst zur Brücke werden auf dem Pfad, der uns alle „nach Hause" bringt.

Wir geben uns selbst ganz und gar diesem „Einen Selbst", in dem wir uns den Menschen geben, die neben uns stehen und uns folgen.

Wir geben nicht nur, wir geben uns selbst ganz und gar hin und beginnen dabei zu heilen.

Wir geben uns hin, weil wir nicht mehr glücklich sein können, wenn andere leiden, sich nicht befreien können und so nicht „nach Hause" finden. Wir können dieses Leid nicht mehr ertragen, also tragen wir es!

Wir tragen es, weil wir Zugang gefunden haben zu einem erweiterten Kraft - und Energiefeld, durch unsere Meditationen, Studien, durch die Aktualisierung höherer Seelenqualitäten und durch beständiges Weiterstreben, Weiterwachsen und durch ein expandierendes Bewusstseinsfeld in uns und mit uns und um uns herum.

Dieses Bewusstseinsfeld ist ein energetisches, feuriges, elektrisches Kraftfeld, das alles miteinander verbindet, ein Feld, das mit uns allen kommuniziert.

Hier können wir erkennen, warum Sensitive den Schmerz der anderen fast ungefiltert fühlen und wahrnehmen können ... sowie vieles andere auch.

Als ein Nachfolgender der Zeitlosen Weisheit, einer der selbst nachfolgt, einer, der den Pfad durch unseren emotionalen Dschungel und unseren mentalen Sumpf kennt und dabei nicht mehr aus der Fassung gerät, einer der den Weg „nach Hause" kennt, führen wir also auch. Wir führen durch das Beispiel der Güte und der Liebe, der Schönheit und der Freude, der Aufrichtigkeit und der Freiheit.

Dadurch fordern wir unsere Umgebung heraus und inspirieren tiefer nach innen zu tauchen, wir fordern unsere Mitwelt heraus, tiefer ins Herz zu tauchen, um den Kern des eigenen Wesens zu kontaktieren und verbunden zu sein, durch das Herz mit allem Leben, mit allen Lebewesen, mit der Welt der Dinge, der Erde, ja sogar verbunden zu sein mit dem ganzen Kosmos.

Wir fordern andere heraus, indem wir auch uns selbst herausfordern immer intensiver danach zu streben die erhabenen, erhebenden Ebenen des Bewusstseins zu erreichen und uns dort zu verankern.

3. Führen, indem wir ein Beispiel sind

c) Lerne die tieferen Ebenen der Hingabe, der „Ganz - werdung" und Heilung zu erreichen

Was ist die tiefere Ebene der Hingabe, der Heilung"? ... des „Ganz - werdens"? Was hat Hingabe mit Ganz - werden zu tun?
Warum überhaupt hingeben, und was sollen wir hingeben, aufgeben, sich ganz geben? Ganz - geben und dann Ganz - werden?
Aufopfern ist ein Begriff, der oft falsch verstanden wird ... sich ganz geben ist verständlicher. Wir opfern nicht und geben auf, was wir noch für unsere „Aufgabe", unseren Dienst am Nächsten brauchen und auch für uns und unseren Weg brauchen, um uns selbst weiterzuentwickeln und um dann wirklich auch erst besser zu unterstützen und helfen zu können. Wir opfern nicht die verborgenen Potentiale in unserem Kern .....
Wir werden unermüdlich unsere Potentiale entfalten und diese unermüdlich nutzen, um mit unseren Fähigkeiten andere besser zu unterstützen und brauchbarer zu sein. Das ist ein sehr, sehr feuriger, elektrischer Prozess ... mit Initialzündung .... am Anfang der Reise.
Wenn wir ehrlich und aufrichtig danach verlangen, diejenigen in ein besseres Leben zu führen, die wir lieben, werden wir schließlich einen „inneren Ruf" vernehmen, der uns auf den Pfad der Nachfolge „großer, stetig fortschreitender Seelen" führt .... und endlich und schließlich sagt dieser Ruf: „Gib dich ganz ... gib' dich ganz und gar.".........
Das ist nicht einfach!
Torkom sagte etwas sehr Beeindruckendes während eines Vortrages, den er am 5. November 1992 über das „Sonnenzeichen im Skorpion" gab; „Gesetze in Relation zum Zeichen Skorpion".
Zitat: *„Wir können uns nur hingeben, (ganz und gar geben) wenn wir unser Herz ganz und gar geben"* ...
Das aller Erste was wir registrieren ist, dass „ganz und gar" geben bedeutet, dass wir von unserem persönlichen Interesse ablassen.
Hingabe, sich selbst „ganz und gar geben" ist nicht möglich, wenn wir an etwas oder an jemanden anhaften.
„Ganz und gar geben" bedeutet, dass wir alle negativen und destruktiven Dinge in uns aufgeben, sobald wir sie entdecken.

Ganz und gar geben, ist eine Reinigung von all diesen Dingen. Wir lassen diese negativen Dinge los; zum Beispiel können wir aufgeben am Hassen, an Rachegefühlen, an allen negativen Gefühlen und negativen Gedanken, und an unseren selbstsüchtigen und egoistischen Aktivitäten anzuhaften. (Zitatende)

Die Beziehung zwischen „sich ganz und gar geben", nicht anhaften und den zwei großen Gesetzen der Zerstörung, der Zerrüttung und der Erneuerung, des Wiederaufbaus.

Weiter in dem gleichen, zuvor erwähnten Vortrag von Torkom über die Gesetzmäßigkeiten im Sonnenzeichen Skorpion, sagte Torkom ebenfalls:

„Es gibt zwei große Gesetzmäßigkeiten im Universum, die jede Form von Auflösung und Wiederaufbau, Erneuerung kontrollieren; es ist das Gesetz der Zerstörung und das Gesetz des Wiederaufbaus, der Integration oder Reintegration. Wenn wir bereit sind für das Gesetz der Zerstörung oder Auflösung, dann können wir all die Dinge gehen lassen an denen wir anhaften, und schließlich finden wir uns in einer Linie mit dem Gesetz der Integration, des Wiederaufbaus oder Reintegration."

Weiter sagt Torkom in diesem Vortrag, dass es zwei Wege der Zerstörung oder Auflösung gibt:

„Im Falle wir wären nicht bereit für diese beiden großen Gesetze, wird das Gesetz der Zerstörung und Auflösung schmerzhafte Erfahrungen bereithalten für denjenigen, der nicht bereit ist und am Ego, an negativen Gedanken, Gefühlen, an Hochmut oder persönlicher Identifikation anhaftet.

Wenn wir bereit sind für die Auflösung, sind wir sehr freudvoll und dann finden wir uns in einer Linie mit dem Wiederaufbau, der Erneuerung und im Einklang mit uns.

Diese beiden großen Gesetze arbeiten im ganzen Universum so, und ebenfalls in allen Bereichen unseres persönlichen Lebens, zum Beispiel in unseren Emotionen, in unseren Gedanken und Handlungen.

Diese beiden großen Gesetze bekämpfen sich gegenseitig, aber nicht „Kampf" im eigentlichen Sinne. Beide werden gebraucht für die Schöpfung. Das Gesetz der Zerstörung, der Auflösung ist der Moment indem alle Partikel einer Kreation, eines Gedankens, einer Emotion zerbersten und das Gesetz der Erneuerung, des Wiederaufbaus kreiert dann etwas Neues aus den zersprungenen Teilen. (Zitatende)

Im Falle wir können losgelöst sein, wenn das Gesetz der Zerstörung und des Auflösens aktiv ist, ist dieser Prozess nicht schmerzvoll. Wir werden diesen Prozess vielmehr als Befreiung und „Erlösung" vom alten, und überholten Lebensbauplan und seinen alten Programmen, Mustern und Manifestationen erleben. Dann ist es auch viel einfacher für uns, uns selbst „ganz und gar" zu geben, hinein in ein Neues, ein neues Leben, vielleicht eines, das allen und allem dient und nicht am Selbstinteresse anhaftet.

Dies führt uns letztendlich in ein besonderes Stadium der Reintegration und der Erneuerung, in das Stadium einer neuen Konstruktion, eines neuen Lebensbauplans...nach einer Krise....wenn wir bereit sind.

Das Positive am „Gesetz der Zerstörung" ist, dass es uns befreit und uns auch führt, uns in ein schöneres Leben führen kann, wenn wir nicht am „Alten" anhaften, wenn wir bereit sind loszulassen, wenn wir bereit sind uns selbst zu erlösen.

Das von Torkom beschriebene Gesetz der Zerstörung beschreibt ebenfalls somit einen interessanten und tieferen Aspekt des Loslassens, des Nicht - Anhaftens und des „Sich ganz und gar" - Hingebens.

Wir werden dabei aber auch entdecken, wenn wir ehrlich zu uns sind, dass wir nichts besitzen, nicht einmal unsere Potentiale, nicht unsere Talente und nicht unsere Fähigkeiten, wir besitzen nicht einmal das, was wir selbst sind oder das, was wir denken, was wir sind. Das ist eine sehr radikale Erkenntnis und nichts für hochmütige Feiglinge, die es brauchen besser, anders oder besonders zu sein.

Die, die solch eine Zerstörung, Auflösung überleben, sind die, die wirklich anders sind wie der Rest von uns, und das ist schwer genug für beide Seiten.

Wir können praktisch behaupten, wir bringen unsere wahren Potentiale und mehr von unserem wahren Wesen zum Vorschein, wenn wir auf die richtige Weise lernen uns ganz und gar zu geben, hinein in die Prozesse und auch hinein in die Krisen menschlicher Weiterentwicklung. Ist es nicht ein Opfer, wenn wir unser altes Selbstbild opfern und nicht aufgeben nach einer Krise, sondern veredelt, verfeinert und verbessert oder anders gesagt, weiterentwickelt mit erweitertem Bewusstsein, denen zu dienen und zu helfen, die sich vor den Krisen fürchten, lieber stagnieren würden, aber dennoch klagen und leiden?

Es ist ein Opfer, eine Last und Schmerz auch .... von der menschlichen Seite aus betrachtet, aber wenn ein solch Nachfolgender die Ebene wechselt, seine Perspektive erweitert, ist es tiefe Freude und Ekstase, tiefe bedingungslose Liebe, Schönheit jenseits unserer stupiden Ideale, ein Glanz einer ganz anderen Welt, Erlösung und Freiheit, Rechtschaffenheit, Aufrichtigkeit ... das wirkliche Leben.

Wir werden gezogen, angezogen von einem großen Magneten, der die bereiteten Teilchen zu sich zieht ... so sind die „Großen Seelen und die Meister, die die Menschwerdung auf ganzer Linie gemeistert haben, wie Magnete für uns. Sie ziehen uns beständig zu sich, auf ihre Ebene.

Zunächst unsere persönlichen und selbstsüchtigen Belange aufzugeben, „unser altes, überholtes Selbst zu opfern", unsere Vergangenheit zu opfern, loszulassen, unser vergangenes Versagen zu opfern, diese Programme aufzugeben, führt auch uns natürlicher Weise auf den Pfad, auf dem wir danach verlangen mehr und mehr denen zu dienen, zu helfen und diejenigen zu unterstützen, die uns wirklich brauchen.

Die geistigen Samen nun, in unserem Kern, beginnen den Prozess der Entfaltung und erblühen, wenn wir das opfern, was nicht wahrhaftig ist, und was nicht selbstlos dem Ganzen dient.

Ich denke auch diejenigen von uns, die die Menschheit in eine bessere Zukunft führen, haben diese Fähigkeiten bis zu einem bestimmten Grad entwickelt, verfeinert und werden beständig und kontinuierlich weiter streben, weiter wachsen, hinein in eine Form der Perfektion, die es eigentlich für uns in dieser Form noch gar nicht gibt, und gibt es sie dann endlich, ist sie im endlosen Weiterwachsen auch schon wieder überholt.

Wie können „wir" also lernen selbstlos zu dienen, zu unterstützen und uns „ganz und gar" hineingeben in die Vision und Verwirklichung einer besseren Zukunft für alle?

Wie in etwa zuvor schon in gewisser Weise erwähnt, ist es der sichere Weg unsere persönliche Identifikation mit unserem illusorischen und eigentlich viel zu kleinem Selbstbild zu opfern, nicht an unserer Vergangenheit anzuhaften, an unseren gespeicherten und gesammelten Illusionen, unserer Negativität in unseren Gedanken, Emotionen und Handlungen, nicht anzuhaften an unseren Zwängen und unserem Ego.

So werden wir lernen selbstlos zu sein, zu unterstützen, zu helfen und zu führen und dabei gleichzeitig konstant und dabei rhythmisch fortschreiten und uns weiterentwickeln.

Wir werden mehr und mehr von dem entwickeln, was in unserem „Inneren" lebt und werden beständig ein besserer Unterstützer, der dienen kann ohne zu buckeln (versteht sich von selbst) und ein Führender, der weise ist, und inspirierend für seine Mitmenschen.

Das bedeutet natürlich auch, dass wir unsere wirklichen Potentiale und unser innerstes Wesen entwickeln werden, aus der Verwicklung befreien werden.

Wir beginnen das Wesen, das im Inneren unseres "Kelches", im „heiligen Gral" ... im „Lotus" verborgen ist, zu entfalten, und wir beginnen mit unserem Licht unsere Umgebung zu erleuchten.

Die Samen in unserem Blütenkelch, unsere Geschenke an die Menschheit, unsere Talente, beginnen sich zu entfalten durch unermüdliches Bestreben und dem selbstlosen Dienst am Ganzen.

Die Blätter der Lotusblume sind ein Symbol für die Ausstrahlungen unserer Essenz, unseres Wesenskerns. Diese Ausstrahlungen nehmen, wenn sie sich entwickeln, die Form einer entfalteten Lotusblüte an.

Blütenblatt für Blütenblatt entfaltet sich die Lotusblume und der Schatz in ihrem Kelch wird sich so ebenfalls entfalten, uns erleuchten, mit voller Strahlkraft unseren Pfad, unseren Lebensweg erleuchten. Direkter formuliert, heißt das auch, dass wir nun wissen, wo es lang geht.

Die Blütenblätter dieser Lotusblume sind also die Strahlen höherer und sehr machtvoller Energien.

Der Lotus und seine Blütenblätter sind auch ein Symbol für die schrittweise Entfaltung der Seelenqualitäten des Menschen.

Der Lotus und seine Blütenblätter

Alten spirituellen Lehren und Überlieferungen der Zeitlosen Weisheit zur Folge, befindet sich der Lotus auf der dritten und der zweiten höheren Mentalebene. Die Mentalebene hat sieben Ebenen, wie schon in vorherigen Textabschnitten erwähnt. Die siebte Ebene ist die unterste Ebene der Mentalebene, die vierte Ebene ist der mittlere Teil, die dritte ist die erste höhere Ebene auf der Mentalebene.

Der Kelch oder Lotus wird auch als unser „Schatz" bezeichnet. Er enthält die gesamte spirituelle DNA des Menschen, gebildet durch drei Arten der Energie: Licht, Liebe und Willenskraft oder die Energie sich ganz und gar selbst zu geben.

Es ist interessant, dass wir auch unseren eigenen Willen aufgeben müssen, unseren so genannten persönlichen „freien Willen", um auf harmlose und gewaltlose Weise zusammen mit dem höheren Willen in uns und durch uns operieren zu können.

Das Juwel, die Essenz, der eigentliche Schatz ist im innersten Teil, in der Mitte des „zwölf blättrigen Lotus" verborgen.

Die Blütenblätter entfalten sich Blütenblatt für Blütenblatt, Schritt für Schritt durch Strebsamkeit, sich ganz geben und dienen, durch selbstlos lieben und durch wahrhaftig und weise sein, kombiniert mit einem starken Willen hin zum Guten.

Es gibt drei erste, äußere Blütenblätter, die „Lichtblätter" oder die Blütenblätter der Weisheit. In der zweiten Reihe befinden sich die Blätter, die Liebesblätter genannt werden, und die darauf folgende Reihe von Blättern werden Willensblätter oder die „Blütenblätter der Aufopferung" genannt.

In der Mitte des Lotus befindet sich die letzte Reihe von Blütenblättern in der Formation einer Knospe, die nach alten Überlieferungen tausend Jahre Knospe bleibt. Ich denke, es ist gut hier den Symbolcharakter zu größerem Verständnis mit in Anbetracht zu ziehen. Das heißt, in diesem Zusammenhang, dass sich auch die Knospe, wenn auch nach sehr langer Zeit, wenn eben ihre Zeit gekommen ist, ebenfalls entfalten wird.

Darin ist die „blaue Flamme der Seele" verborgen. Das ist die Essenz oder der Kern des Menschenwesens.

Schließlich öffnet sich also auch dieser innerste Teil des Lotus durch intensivstes Streben, Führen und Dienen, und wird sich öffnen, wenn sich der Mensch ganz und gar selbst gibt.

Alle Blütenblätter des Lotus entwickeln sich schrittweise, Reihe für Reihe, beginnend mit der äußeren Reihe, den Lichtblättern. Die Licht - oder Blätter der Weisheit sind eine Kombination aus einem Licht-, einem Liebes- und einem Willensblatt.

Das gleiche Arrangement finden wir auch in der zweiten Reihe, den Liebesblättern vor, und ebenfalls in der Reihe der Willensblätter. Es ist immer eine Kombination dieser drei Energien, Licht, Liebe, Wille.

Wenn alle Blätter und auch die Blätter in der Mitte harmonisch und in Balance entwickelt sind, das bedeutet sie sind gleichmäßig entwickelt, dann startet die „blaue Flamme" sozusagen durch, wie eine Rakete ... und der Kern, die Essenz des menschlichen Wesens ist freigesetzt.

Schließlich wirst du dich ganz und gar für eine große Sache hingeben.

Dadurch, dass du dich selbst gibst, indem du dich ganz und gar gibst, in einen höheren Dienst hinein für die Menschen, für die Hierarchie, wirst du eins mit dem was du gibst, eins mit dem was du schenkst und eins mit deinem Dienst, den Menschen und schließlich eins mit den Meistern, unseren Ahnen ... den fortgeschritten, weisen und wundervollen Wesen.

Nichts trennt dich mehr von dir selbst, den „Großen Seelen" und dem Universum.

Dies so ganz und gar mit dem Kopf zu verstehen, muss manchmal erst gelebt und auch durch unser Gemüt hindurch verdaut zu werden ... des Weiteren braucht es noch einen nahezu heldenhaften Mut ... zwischendrin nicht aufzugeben, nicht zu zweifeln und nicht zu verzweifeln.

Dies ist der Pfad des wirklichen und wahrhaftigen Nachfolgers, des wirklichen und wahrhaftigen Lehrers und Führenden.

Das Wundervolle daran aber ist, dass du dabei nicht nur deine Geschenke geben wirst, du wirst selbst zum Geschenk.

Du wirst auf diesem Wege eins mit der Menschheit .... und eins mit der gesamten Schöpfung.

Jedoch benötigt dies, dass wir gesund, heil sind, geistig gesund sind, stabil und erfolgreich auch auf vielen anderen Ebenen. Unsere Schönheit und unsere Liebe werden gebraucht. Wir müssen uns mit Licht und Freude anfüllen, um ein Beispiel für andere Menschen zu sein, und um der Menschheit einen großen Dienst erweisen zu können.

Wir können nicht unser Bestes geben, wenn wir kein Plus auf unserem „Sparkonto" haben ... in unserer Schatzkammer, in unserem Kelch nichts Kostbares angesammelt haben.

Zuerst müssen wir selbst heilen, geistig gesund werden und unsere wahnsinnigen Ideen, Gefühle und Verhaltensweisen „opfern", und so werden wir uns und unsere Mechanismen transformieren, unsere mentale, unsere emotionale und unsere physische Körperhülle wird transmutieren, sich bis in die dichteren Formen und in die feste Form hinein verwandeln.

Auf diese Weise bedeutet „opfern" nicht, dass wir uns selbst auslaugen.

Es ist eher ein Geben, was wir haben und ein Bekommen und wieder geben, das weitergeben, was in einer „Überfülle" vorhanden ist, um uns selbst schließlich ganz in diesen Prozess der Fülle hinein zu geben.

Wir schmelzen dahin in einem „Ewigen Feuer" ohne unsere Wesenhaftigkeit zu verlieren, das bedeutet, dass wir nun „Eins" sind, frei und zu Hause ... und dennoch können wir unbeschadet „Überall" hingehen ... auf die Reise ....

Davor aber haben wir viele Jahre, Jahrzehnte oder auch schon viele Menschenleben lang gedient, geführt, gestrebt, geliebt und gelitten....

Zunächst, um uns diesen Prozess etwas leichter und schneller, und nicht mehr ganz so leidvoll gestalten zu können, müssen wir uns beständig selbst aufladen, durch die Techniken und Methoden der wissenschaftlichen Meditation, durch das Fokussieren auf höhere Werte und Seelenkräfte, durch das Visualisieren eines erhabenen und erhebenden Zieles, einer alles umarmenden Vision und durch das Studieren der uralten und „Zeitlosen Weisheit".

Dadurch beginnen wir Fortschritte zu machen und uns zu entfalten und zu erblühen, und auf diese Weise tragen wir kostbare Früchte. Das ist es auch, was wir an unsere Mitmenschen weitergeben können, auf unterschiedliche Weise. Dies wird die Form annehmen, die gebraucht und benötigt wird.

Auf den höheren Ebenen der Realität, in den höheren Welten existiert Fülle.

Vielleicht mögen wir dies noch nicht völlig verstehen, dies erkennen und sehen, und vielleicht sind wir auch noch nicht im Stande dies zu Handhaben, mit diesen höheren Energien auf die richtige Weise zu transformieren und zu transmutieren, wenn wir die ersten Schritte gehen, in Richtung Streben, Dienen und uns ganz hingeben ... aber der Magnet ... das „Große kosmische Herz" zieht uns.

So müssen wir die tiefere Bedeutung der völligen Hingabe, das Sich - ganz - geben, Schritt für Schritt verstehen „lernen". Wir können dies tun durch das Entfalten der Blütenblätter unseres Lotus, Reihe für Reihe, und dies in Geduld tun, der Reihe nach, und mit dem Verständnis darüber, was dies für Veränderungen in unserem alltäglichen Leben auch bringen wird.

Dies ist der sichere Weg, auf dem wir lernen uns weise ganz und gar hinzugeben. Wenn wir unser Herz ganz geben, können wir in dieser Fülle letztendlich verweilen.

Das lernen wir auch dadurch, wenn wir immer mehr Abstand nehmen, zu unserem so genannten „freien", persönlich auf uns selbstbezogenen Willen, um schließlich eins zu werden mit dem höheren Willen, dem „Einen Willen", dem höchsten und alles umarmenden Willen.

Um unseren scheinbar „freien Willen" zu „opfern", müssen wir ganz und gar wahrhaftig von unseren „persönlichen Interessen" loslassen, und müssen einen starken Willen hin zur bedingungslosen Liebe und Güte in uns entwickeln ......

Schließlich werden wir eine höhere Ebene der Realität, der Wahrheit und Aufrichtigkeit, der Freiheit und der Willenskraft, der Liebe und des Lichtes und der Weisheit erfahren, und so werden wir entdecken, dass wir viel mehr sind als wir bisher dachten.

Schritt für Schritt werden wir unser Potential nach außen bringen, den Juwel im Inneren des Lotus in hoher, tiefer und alles durchdringender Schönheit und Freude nach außen strahlen ....

3. Führen, indem wir ein Beispiel sind
d) Lerne wie du auf erfolgreiche Art und Weise Schönheit, Güte Aufrichtigkeit, Freude und Freiheit ausdrücken kannst

Die fünf großen Prinzipien werden auch „fünfstrahliger oder fünfzackiger Stern" genannt. Der fünfzackige Stern, die fünf hauptsächlichen Seelenkräfte, umgeben den Körper eines Nachfolgenden der „Zeitlosen Weisheitslehren", wie ein energetisches Netzwerk aus Tugenden, Kräften und höheren Werten und Seelenqualitäten.

Dieses energetische Netzwerk, der Stern, schützt ihn bei seiner täglichen Arbeit, seinem hingebenden Dienst und während seinen Kämpfen mit sich selbst und seinen vergangenen Kreationen.

Die fünf großen Prinzipien sind der Schlüssel zu den übrigen Tugenden und höheren, damit verbundenen Werten. Um diese fünf großen Prinzipien zu leben und auszudrücken, in unserem Dienst am Nächsten und im Führen durch den emotionalen Dschungel und das mentale Labyrinth, müssen wir zunächst etwas mehr über die Schönheit, die Güte, die Aufrichtigkeit, die Freude und die Freiheit erfahren.

Dann werden wir den für uns richtigen Weg finden, einen Weg, der für uns funktioniert, speziell für uns, um diese höheren Prinzipien auszudrücken und zu leben.

Schließlich beginnen wir dann auf erfolgreiche Weise und konstant auch in Richtung dieser fünf Prinzipien immer beständig weiter zustreben, solange bis wir ein Beispiel, eine Inspiration für andere, eine Verkörperung dieser höheren Werte und Tugenden werden.

<u>Was ist die wirkliche Bedeutung von Schönheit, Güte, Aufrichtigkeit, Freude und Freiheit?</u>

SCHÖNHEIT:

Wirkliche **Schönheit** macht uns sprachlos, still, und hilft uns von allem Hässlichen an uns und in uns und um uns herum zu trennen.
Schönheit erhebt uns und lässt uns auf höhere Bewusstseinsebenen entschweben, auf sehr einfache, leichte und freudvolle Weise.
Schönheit öffnet unser Herz und befreit von den Eindrücken der unteren und niederen Realitätsebenen. So hat sie einen enormen Transformationseffekt in Bezug auf uns, unsere Vision, unsere Zukunft und unser Leben.
Schönheit inspiriert intensives Streben.
Schönheit ist ein Schutzschild vor dunklen Energien und dunklen Kräften.

Torkom Saraydarian schreibt auf Seite 679 in dem Buch „*New Dimensions in Healing*" Folgendes:

Wenn unsere Sinne gezwungen werden, mit Hässlichem in verschiedener Form in Kontakt zu kommen, werden sie beachtlich geschwächt. Das ist der Grund warum uns gesagt wird, dass Schönheit ein großer Heiler ist. (Zitatende)

Es gibt innere und äußere Schönheit....um Schönheit im Außen zu entdecken, müssen wir danach streben die Augen eines Künstlers zu entwickeln.
Ebenso können wir uns aber auch einfach nur mit wundervoller Kunst umgeben, uns für Kultur und Literatur interessieren, uns mit schönen Farben, mit Musik, Duft und Blumen umgeben.
Das intensive Streben unsere innere Schönheit, unseren inneren Schatz zu kontaktieren, den Schatz in unserem Kelch zu entfalten, wird uns erheblich helfen ein Transformierender zu werden, um Chaos und Hässlichkeit zu transformieren.

Die innere Schönheit beginnt sich zu enthüllen, wenn wir in Kontakt kommen mit unserem Herzen, unseren höheren Gefühlen und Gedanken, und in Kontakt kommen mit den höheren, abstrakten Ebenen unseres Verstandes und unserer Intuition.

Hier fragen wir uns dann selbst: „Ist das, was ich denke und fühle verbunden und ist dann mein Handeln wirklich im Sinne von wirklicher Schönheit?"

Wir müssen genau hinhören was uns unser Herz sagt, dies ausdrükken, danach handeln. Das ist eines der Dinge, die diese Welt braucht ...

Wirkliche Schönheit auf allen Ebenen ist unwiderstehlich, magnetisch, harmonisch, konstruktiv, rhythmisch, heilend, in Einklang bringend, synchronisierend und Synthese erzeugend.

GÜTE:

Die **Güte**, wirkliche Güte schließt wahre und selbstlose Liebe, Vergebung, Dankbarkeit, Mitgefühl, Gewaltlosigkeit und einige andere Tugenden mit ein. Mitgefühl, Gewaltlosigkeit und Vergebung erzeugt Reinheit in unseren Körpersystemen und trennt uns von negativem Karma und negativen Auswirkungen.

Torkom schreibt auf Seite 680 in „*New Dimensions in Healing*":

Schönheit, Güte und Wahrheit „leben" zusammen, und ein jedes stirbt ohne das andere. Wenn du die Wahrheit hast, aber keine Güte und Schönheit, ist diese Wahrheit deine Zerstörung. Schönheit kann nicht einmal ohne Güte und Wahrheit existieren. Güte kann nicht leben und operieren, wenn sie nicht auf Schönheit und Wahrheit basiert. Diese Formel können wir in der Politik, in der Erziehung, in der Philosophie, in der Kunst, der Wissenschaft, der Religion und der Wirtschaft anwenden.

AUFRICHTIGKEIT:

Aufrichtigkeit bedeutet Ehrlichkeit, keine Lügen, authentisch sein, wirklich, wahrhaftig sein und ein Gefühl haben für Gerechtigkeit. Keine Ausbeutung betreiben, weder andere ausbeuten, noch die Ressourcen der Natur und des Planeten auszubeuten.

Aufrichtigkeit erzeugt wahrhafte, stabile und wundervolle Manifestationen, erzeugt wirkliche und stabile Lebenskonditionen.

Leben und kreieren in **Aufrichtigkeit** bedeutet, dass wir nicht auf Sand bauen. Deine Visionen und Ziele und dein Kreieren sind alles mit einschließend auf diese Weise, und gut für alle, gut für das Ganze.

Aufrichtigkeit erzeugt aufrichtige, zwischenmenschliche Beziehungen in unserem gesellschaftlichen Leben und in unserem Umfeld. Aufrichtigkeit kreiert bessere Lebensbedingungen für alle.

Aufrichtigkeit erweckt die Wahrnehmung in uns, dass alle Seelen gleich und gleich wertvoll sind, und so auch natürlicher Weise die gleichen Rechte haben!

Aufrichtigkeit erzeugt Reinheit in unseren körperlichen Organismen. Auf diese Weise trennt es uns von Negativität, von Wahn, von bestimmten Formen der Krankheit und von negativem Karma.

FREUDE:

Freude ist ebenfalls ein großer Heiler. **Freude** bringt uns in Kontakt mit der Energie des Enthusiasmus, der Ekstase, des Segens und hilft den Nachfolgenden der Zeitlosen Weisheit, dass die Wunden aus der Vergangenheit heilen können. So können wir stabil sein, auf dem Pfad des Strebens, des Dienstes und stabil bleiben im „Sich – ganz - Hingeben" an eine große und freudige Zukunftsvision, die der ganzen Menschheit dienen kann

Wenn eine bestimmte Zeit kommt und der Nachfolgende sein Fundament auf seine innewohnende **Freude** aufgebaut hat, egal was passiert, so haben zerstörerische Kräfte, Schmerz und Leiden keine Chance ihn vom Pfad abzubringen.

Er bleibt stabil. **Freude** ist nicht von Glück und von Vergnügen und dergleichen abhängig. Freude ist die Substanz, die aus unserem Kern hervorquillt. Die Energie und Kraft der **Freude** quillt hervor, wenn wir unser „kleines Selbst opfern" und alles, was wir in dieses Leben mitgebracht haben, dem höheren Dienst für die Menschheit weihen.

Die **Freude** ist immer da, auch wenn wir Schmerz empfinden und leiden. Wenn wir uns daran erinnern, wenn wir wissen, warum wir hier auf der Erde unterwegs sind, uns daran „erinnern", sind wir augenblicklich mit dieser inneren Quelle der **Freude** verbunden.

FREIHEIT:

Freiheit betrachtet aus einer tieferen Sichtweise und aus höheren Perspektiven, bedeutet, dass wir frei werden von Altlasten, Hürden und Hindernissen. Bedeutet, dass wir genug Ressourcen haben unsere Rechnungen zu bezahlen, um endlich frei zu werden von altem, negativem Karma. Solange wir an das Prinzip der Schuld gebunden sind, uns schuldig fühlen und die Schuld uns „belastet" oder einfach, wenn wir uns nur aus uns nicht erklärlichen Gründen „belastet" und schuldig fühlen, kann man schlussfolgern, dass wir aller Wahrscheinlichkeit nach auch an alte Rechnungen gebunden sind.

Wir befreien uns, wenn wir unser Karma konfrontieren, unsere Verantwortungen und Verpflichtungen wahrnehmen. Dies erfordert geistige, emotionale und tatkräftige Disziplin und erzeugt **Freiheit**.

Torkom sagt über die Freiheit im Buch „*New Dimensions in Healing*" Folgendes:

Der Weg in die Freiheit wird Schritt für Schritt eröffnet. Zuerst muss man versuchen seine Handlungen zu kontrollieren, indem man seine Gefühle und seinen Verstand kontrolliert. Dann muss man seinen Willen kontrollieren indem man seinen Willen mit dem höheren Willen identifiziert, dann löst man sich selbst von diesem höheren Willen, um sich mit einem noch höheren Willen zu identifizieren, solange bis man endlich den „Einen Willen" erreicht und in diesem Sinne handelt. (Zitatende)

Ist dies stabil in uns verankert, sind wir so frei ... so frei, dass wir „keine Kontrolle" in dieser Form mehr benötigen, denn uns ist im Moment bewusst welche Auswirkungen unsere Handlungen haben werden!

Die fünf großen Prinzipien und die damit verbundenen höheren Werte ausdrücken und leben.

Beständiges Streben, Aktualisieren und Konzentrieren und Meditieren mit den fünf großen Prinzipien bringt es mit sich, dass der Nachfolgende der Zeitlosen Weisheit auch andere Tugenden und Werte fokussiert und danach strebt sie in seinem alltäglichen Leben zu aktualisieren, Tugenden, wie zum Teil im vorherigen Text schon erwähnt. Tugenden und Seelenqualitäten wie etwa, Mitgefühl, Vergebung, nicht – anhaften und loslassen, Dankbarkeit, Mut, Strebsamkeit, selbstloses Dienen, völlige Hingabe und so weiter ....

Das Praktizieren mit diesen Tugenden, bringt die Puzzleteile zusammen, die das neue und wirkliche, kreative Leben des Nachfolgenden kreieren werden.

Sie werden den Sucher disziplinieren und auch sein Leben neu ausrichten, um ihm zu helfen sich auf dem Pfad der Zeitlosen Weisheit nach vorne zu bewegen. Letztendlich heißt das auch, sich schließlich in größerer Wachsamkeit und im Dienen in Richtung Perfektion zu bewegen. Hier beginnt die neue Runde der menschlichen, spirituellen, geistig - seelischen Evolution auf mehreren und auf höheren Ebenen

Ein Nachfolgender wird niemals mit sich zu sehr zufrieden sein, mit seinem erreichten Stadium der Bewusstheit und seinem Wesen.

Dies wiederum ist der Grund warum er sein Streben intensiviert.

Niemals zufrieden sein mit dem erreichten Stadium seines ganzen Wesens, aber andererseits und paradoxer Weise in Frieden sein, mit dem, was er schon erreicht hat, hält ihn in Balance und stabil und enthusiastisch auf dem Pfad des Weiterstrebens, Dienens und hin zur Perfektion.

Schließlich wird der Tag kommen, an dem der strebende Nachfolger der Zeitlosen Weisheit nicht mehr überwältigt werden wird von Gefühlen der Minderwertigkeit und von Gefühlen der Überlegenheit, weil er ganz genau weiß, was hinter ihm liegt und auch weiß, was vor ihm liegt.

Höhere Werte ausdrücken und im Alltag leben, heißt Streben ohne Pause, Menschen dienen, studieren, meditieren, andere führen, indem man eine Inspiration für sie ist.

Dies bedeutet sich dem „Teaching", den Weisheitslehren zu weihen, bescheiden bleiben, würdig sein und aufrichtig.

Auf der anderen Seite den Wert seiner Lehrer und der Lehre an zu erkennen und die Errungenschaften großer Seelen und Meister, macht es dem Nachfolger schließlich einfacher inspiriert zu sein und zu bleiben. Es wird ihn dankbar machen für diese wertvolle Führung und Begleitung durch den Dschungel.

Es wird ihm helfen seine Augen offen zu lassen für die so genannten Wunder dieses Lebens.

Ein Nachfolgender der Zeitlosen Weisheitslehre möchte alles wissen, fühlen und erfahren.

Er möchte begreifen, was hinter dem Vorhang unserer so genannten Realität zu finden ist.

Er möchte in der Mitte stehen, mittendrin, zwischen all dem was ist, mit all dem, was er ist und mitgebracht hat auf diese Erde.

Ein Nachfolgender ist sich bewusst über die Juwelen, den Schatz im Inneren seiner Mitmenschen. Er möchte, dass sie leuchten und strahlen und funkeln in der Dunkelheit!

Das ist es, was den Nachfolgenden dazu bringt, zu streben, zu dienen, sich ganz und gar hinzugeben und selbst zu leuchten und zu strahlen!

4. Die tägliche Disziplin in der Praxis, um ein Nachfolgender der „Zeitlosen Weisheit" zu werden

Die tägliche Disziplin ist also auch das Streben hin zur Entfaltung unseres inneren Reichtums, unseres Wesens, das Streben in Richtung Schönheit und Rechtschaffenheit, Freude und Freiheit, und dann all dies mit anderen zu teilen, mit all denjenigen, die ehrlich nach einer tieferen Liebe, tieferer Wahrheit, wirklicher Freiheit, wirklicher Schönheit und einer tieferen Art der Weisheit suchen. Dies alles wird nun der Pfad des Nachfolgens, als eine tägliche Disziplin sein.

Das Beispiel großer Seelen und die Lehren der Zeitlosen Weisheit werden uns in diesem Streben inspirieren, dem Streben hin zu einem höheren Stadium des Seins, hin zu großartigen Prinzipien und Idealen. Dies wird uns konstant weiterführen, wenn für uns die Zeit reif ist und der Zeitpunkt der Nachfolge der Zeitlosen Weisheit näher rückt.

Das intensive Streben selbstlos zu lieben und andere zu unterstützen, wird und unser tägliches „Wasser und Brot". Als ein Strebender, der ein Nachfolgender der Lehre wird, können wir unsere Selbstsucht nicht mehr ertragen.

Wir werden unsere vorübergehende und vergangene Dummheit, unsere selbstsüchtigen und selbst zerstörerischen Seiten an uns entdecken, das bedeutet, zwar langsam, aber dafür ganz sicher. Manchmal sind wir dann ziemlich traurig und aufgestört und verärgert über uns selbst … aber auch das ist vorübergehend!

Auf dem Pfad ein Nachfolgender zu werden, werden wir den enormen Einfluss wahrnehmen, den unser Wahn, die Hässlichkeit des Separatismus, den Einfluss den unser Hochmut hat, unsere Selbstsucht, unser Hass hat, unsere Eifersucht, unser Neid hat und unsere Konkurrenzgefühle haben. All das wird man wahrnehmen und nicht mehr ertragen.

Wir beginnen den Einfluss zu fühlen von all dem, was destruktiv ist, und so beginnen wir aber auch den Einfluss zu fühlen, von all dem, was zu einer besseren Welt und einer besseren Zukunft für alle beitragen könnte.

Es kommt ein Wendepunkt auf unserem Weg, an dem wir uns entscheiden nicht in der Illusion, in unseren Altlasten und ihren Frustrationen zu bleiben. So können wir dann auch den richtigen vom falschen Pfad unterscheiden und den für uns richtigen Pfad wählen.

Wir antworten der alten Hässlichkeit in uns und um uns herum, mit dem Streben nach Schönheit, Güte und Liebe, Freiheit, Aufrichtigkeit und Freude. Wir antworten mit dem Streben in Richtung des fünfzackigen Sterns und mit dem Streben nach höheren Werten und Tugenden ... täglich.

Dies macht uns wirklich, wahrhaftig, aufrichtig und frei von Negativität, frei von angesammeltem, negativem Karma, und das bewahrt uns auch vor miserablen Lebensumständen.

Anstatt sich zu beschweren, sich selbst zu bemitleiden und sich selbst zu rechtfertigen, beginnen wir uns zu konzentrieren, zu meditieren und unermüdlich in Richtung höherer Werte und Tugenden zu streben, weil wir selbst derjenige sind, der sich verändern möchte. Wir möchten unsere wahnsinnigen, selbstsüchtigen und begrenzten Lebensstile und Verhaltensweisen verändern, uns hinein in ein Leben verwandeln, dass die Schönheit der anderen und die ihrer Seelen liebt und ihnen hilft diese auszudrücken und zu leben. Wir beginnen uns zu vergeben, wie wahnsinnig selbstsüchtig wir vorher waren.

Wir können die Welt nicht ändern, wenn wir uns selbst nicht vorher selbst verändern.

Indem wir uns selbst verändern, verändern wir auch unsere Umgebung.

Die, die versuchen ein wenig in diese Richtung zu streben, werden entdecken, dass sich ihre Umgebung, ihre Beziehungen und ihre Lebensbedingungen von selbst verbessern.

Andere Menschen unterstützen, der Menschheit dienen und die Techniken der wissenschaftlichen Meditation praktizieren, das Studieren der Zeitlosen Weisheit, wissenschaftliches, spirituelles und geistiges Forschen, kreativ sein auf verschiedene Arten und Weisen, bringt uns innere Erfüllung und eine machtvolle Ladung höherer Energie, Schritt für Schritt.

Es geht hauptsächlich darum, dies alles zu leben, es zu aktualisieren. Nur zu wissen und es zu verstehen, ist niemals genug. Beständigkeit, rhythmische Meditation, andere Menschen sinnvoll zu unterstützen und ein disziplinierter Lebensstil ist der Schlüssel stabil zu bleiben auf dem Pfad unseres Weiterstrebens. Meditieren und dienen, ist der Schlüssel zur Heilung, zur Transformation, um uns letztendlich selbst zu befreien.

Das Heilwerden, das in Einklangkommen und das Verfeinern unserer niederen Körperhüllen durch das Praktizieren der höheren Prinzipien, die täglichen, spirituellen Disziplinen und das Erweitern unseres Bewusstseins, sowie andere auf unterschiedliche Weise unterstützen und sich selbst darin vergessen, ist der Schlüssel hin zum Pfad der Nachfolge in der Zeitlosen Weisheit.

Was funktioniert und von uns selbst geprüft wurde, kann auch ein Schlüssel sein, der funktioniert, wenn wir andere unterstützen, ihnen helfen, und wird auch hilfreich sein im Führen, Lehren und Inspirieren von anderen.

Ich denke dienen, wirklich selbstloses und selbstvergessenes Dienen, denen dienen, die uns brauchen, kombiniert mit dem Opfern von Dingen, die nicht wirklich sind in einem höheren Sinne, all die angesammelte Negativität opfern, in unserem dreifaltigen Mechanismus, physischer Körper, Emotionalkörper und Mentalkörper, zum Beispiel, ist der größte Radiergummi für Karma und Schuldgefühle, und auch ein Radiergummi für alle Arten von Hässlichkeit und Krankheit in uns und um uns herum.

Das kann tatsächlich zum „Highway" in ein besseres Leben führen.

Heilen ... geheilt werden, Heilung aus dem Herzen, Transformation aus dem Herzen heraus, all` unsere Herzen verbindend, die Balance halten in dunklen und stürmischen Seelennächten, und dabei noch unsere Körperhüllen im Einklang haltend, während wir tagsüber unsere Schlachten schlagen, ist die Brücke zum Pfad der Zeitlosen Weisheit.

Früher oder später sind unsere Ohren geschärft, unsere Augen und Herzen bleiben offen und eine innere Ruhe kehrt ein, so dass wir unsere innere Stimme und unsere Führung sehr klar und deutlich vernehmen.

Diese Stimme, die Stimme unserer inneren Führung wird stärker und klarer, weil der Sucher, nein ein Finder schon so viele Schlachten geschlagen hat.

Durch das Triumphieren über all die Hindernisse, über alles vorausgegangene Versagen, durch das Überwinden des Egos, durch das Überwinden der Negativität des limitierten Selbst, erschafft der Nachfolgende einen freien Pfad, einen freien Kanal zu seiner inneren Führung, zu seinem höheren Selbst, zu seinem „innewohnenden Engel", und es verlangt den Nachfolger danach ihm ohne zu zögern zu folgen, und auch all den großen Seelen, die vor ihm den Dschungel durchquerten ... und so bildet der Pfad der Nachfolge eine endlose und kostbare Kette der Freiheit, der Freude, der Aufrichtigkeit, der Liebe und der Schönheit hinein in ein besseres Leben für alle.

Mögen Licht und Liebe und Kraft
den Plan auf Erden wiederherstellen.

Constanze Bretthauer
Künstlerin / Lehrerin / Spirituelle Begleitung

- Zahlreiche spirituelle, ganzheitliche und künstlerische Ausbildungen
- Spirituelles Studium / Torkom Saraydarian University USA
- Erfahrung im Kunst- und Ethikunterricht an verschiedenen Schulen
- Leitung von Meditations- und Gesprächskreisen
- Begleitung in Person in Einzelsitzungen zur Selbst - Transformation
- Begleitung im Prozess der Selbstheilung auf mehreren Ebenen
- Begleitung und Beratung via E - Mail, WhatsApp oder Telefon mit individuell angepassten Meditationen und mentalen Techniken.
- Leitung spiritueller Studienkurse
- Leitung kreativer Workshops
- Seminare zum Themenkreis „Zeitlose Weisheitslehren"
- Vorträge

Sehr frühe und sehr intensive synästhetische Erfahrungen haben mich dazu gebracht, mich schon in jungen Jahren für spirituelle Themen zu öffnen. Synästhesie ist ein Begriff für eine bestimmte Form von Hypersensitivität. Basierend auf den damit verbundenen Erfahrungen und neben unterschiedlichen, künstlerischen Ausbildungen begann ich etliche Weiterbildungen auf spirituellem Gebiet im Zusammenhang ganzheitlicher Heilung und Transformation.
So habe ich unter anderem ein Studium in den Zeitlosen Weisheitslehren an der Torkom Saraydarian University USA bei Gita Saraydarian durchlaufen.

Auf meinem persönlichen Weg erlebe ich immer wieder wie wichtig das uns innewohnende Feuer ist. Es ist eine schöpferische, transformierende, heilende und manifestierende Kraft, und sie ist in uns allen. Die Kunst besteht darin diese Kraft freizusetzen über den Magnet unseres Herzens.

Transformation und Selbstheilung ist das Loslassen von alten Überzeugungen, Glaubenssätzen, alten Wunden und Schmerzen, Vorstellungen, Automatismen und begrenzten Selbstbildern. Dies befähigt uns schließlich die Energie von Krisen und Konflikten in Chancen zu verwandeln, und setzt unsere innere Kraft frei. Wir verlassen die Irrungen und Wirrungen unseres Lebens und beenden das Dasein als Opfer und Sklave von seelenlosen Konstrukten ...

Nach Krisen kommen Durchbrüche und so erweitern wir unser Bewusstsein und verfeinern unser Wesen. Unsere Seele, unser Selbst hält Stillstand nicht aus. Wenn wir glauben in unserer Entwicklung schon am Ziel zu sein, beginnt unser innerer Kern auszutrocknen und zu sterben ... oder aber wir stellen uns der ganz „eigenen, inneren Schlacht".

Ich möchte meiner „inneren Führung" danken, all meinen Lehrern und meiner ganzen Familie, all meinen Freunden, all denen möchte ich danken, die mich bis jetzt begleitet haben ...

Ich wünsche jedem, dem dieses Buch in die Hände fällt, von ganzem Herzen, dass er seine Krisen nicht vermeidet, dass er aufrichtig, erhobenen Hauptes durch dieses Feuer geht und dem Ruf seiner Seele folgt ...

Kontakt und Infos:

Constanze Bretthauer
Hausbergstr. 23
61231 Bad Nauheim
Tel 06032 / 94 97 363
mobil: 0174 /47 47 838
www.constanze-bretthauer.de
constanze.bretthauer@t-online.de

Torkom Saraydarian

Torkom Saraydarian (1917–1997) wurde in Kleinasien geboren. Seit seiner Kindheit wurde er in den Lehren der »Zeitlosen Weisheitslehren« trainiert.

Er besuchte Klöster, antike Tempel und Mysterienschulen um Antworten zu finden auf seine brennenden Fragen über das Mysterium Mensch und Universum. Er lebte mit Sufis, Derwischen, christlichen Mystikern und Meistern der Tempelmusik und des Tanzes. Sein musikalisches Training beinhaltete das Spiel der Violine-, Piano-, Oud-, Cello- und Gitarre. Es waren lange Jahre der Disziplin und des Dienstes nötig, um die Zeitlosen Weisheitslehren von ihren wahren Quellen her zu studieren. Meditation wurde zu einem festen Bestandteil seines Tagesablaufes und Dienst ein natürlicher Ausdruck seiner Seele.

Torkom Saraydarian widmete sein ganzes Leben dem Dienst am Nächsten. Seine Schriften, Vorträge und seine Musik zeigt seine totale Hingabe an die »Höheren Prinzipien«, Werte und Gesetze, die präsent sind in allen Weltreligionen und Philosophien. Diese Arbeiten repräsentieren eine Synthese vom Besten und Schönsten aller Heiligen Kulturen der Welt und bereichern das Fundament auf dem wir unsere Zukunft kreieren.

Torkom Saraydarian schrieb eine große Anzahl von Büchern, viele davon wurden bereits publiziert. Alle seine Bücher werden fortwährend weiter publiziert. Einige davon wurden bereits ins Armenische, Deutsche, Italienische, Spanische, Portugiesische, Griechische, Holländische und Dänische übersetzt.

Er hinterließ der Menschheit einen reichen Nachlaß von Schriften, sowie auch musikalische Kompositionen zur Erbauung für viele noch kommende Jahre.

Für weitere Informationen und Interviews besuchen Sie bitte unsere Website: www.tsgfoundation.org, oder rufen Sie uns an für gedruckte Informationsbroschüren.

Gita Saraydarian

Gita Saraydarian ist Gründerin und Präsidentin der TSG Foundation und TSG Universität. Sie hat eine weltweite Hörerschaft als Dozentin und Lehrerin der Weisheitslehren.

Gita Saraydarian verfügt über einen Master of Arts in Rechtswissenschaften und Diplomatie; Master of Arts in Geschichte; einem Bachelor of Arts in Cultural Anthropology und Linguistik. Sie studierte und unterrichtete u. a. in Taiwan. Gita Saraydarians multi-disziplinäre akademische Ausbildung, ihre Reisen und Studien im Ausland kombiniert mit ihrem familiären Hintergrund geben ihrer ganzen Philosophie, ihrer gesamten Herangehensweise an das Leben und ihrer Annäherung an die Lehre der Zeitlosen Weisheit eine interkulturelle Qualität.

Gita Saraydarian wurde von jungen Jahren an erfüllt mit den Grundsätzen der Zeitlosen Weisheitslehren. Ihr Vater, Torkom Saraydarian, war ein bekannter Gelehrter und Lehrer für vergleichende Religionen und Philosophie. Ihre Mutter ist ein tief spiritueller Mensch, deren Leben selbstlose Hingabe zu ihrer Familie und die Gemeinschaft gezeigt hat, während sie ihre fünf Kinder grossgezogen hat.

Inspiriert durch ihre Liebe zu den spirituellen Lehren hat Gita Saraydarian 1984 die TSG Publishing Foundation gegründet mit dem Zweck der Veröffentlichung der Bücher von Torkom Saraydarian. Die Arbeit erweiterte sich und beinhaltet heute Seminare, wöchentliche Kurse, Workshops, Meditation und spirituelle Training Programme. Sie ist ein ordinierter Minister in der Tradition der Zeitlosen Weisheit.

Gita Saraydarian unterrichtet die Zeitlosen Weisheitslehren seit 1984. Sie hat Hunderte von Kursen mit einer breiten Palette von Themen einem amerikanischen und internationalen Publikum präsentiert. Derzeit hat sie den Vorsitz über die Arbeit der TSG Foundation und der TSG Universität, welche sich einer weltweiten Verbindung von spirituellen Suchern erfreut. Sie fährt fort Torkoms Bücher zu veröffentlichen und verwaltet alle Copyright- und Übersetzungsarbeiten. Ihre Vision ist ein dauerhaftes Zuhause für das Vermächtnis ihres Vaters.
www.gitasaraydarian.org